Comment nous protéger des prochaines crises

La liste des précédents livres de Jacques Attali
se trouve en page 185.

Jacques Attali

Comment nous protéger des prochaines crises

Fayard

Couverture : Le Petit Atelier
Illustration : © Andriy Prokopenko / Getty Images.

ISBN : 978-2-213-71210-9

Dépôt légal : octobre 2018

« Ne tombons pas dans le travers vulgaire
qui est de maudire ou de déshonorer
le siècle où l'on vit. »

Victor Hugo

« La tactique consiste à savoir ce qu'il faut faire
quand il y a quelque chose à faire.
La stratégie consiste à savoir ce qu'il faut faire
quand il n'y a rien à faire. »

Savielly Tartakover

L'être humain est incorrigible. Quand il a surmonté une crise, personnelle ou collective, matérielle ou morale, quand il a traversé une tragédie, si dramatique fût-elle, quand il a vaincu une maladie, surmonté un deuil ou une rupture amoureuse, quand il a survécu à une guerre, si meurtrière qu'elle eût été, ou à une catastrophe naturelle, il veut, trop souvent, se convaincre qu'aucun autre drame ne viendra jamais plus le toucher, que rien d'autre de terrible, ni même d'ennuyeux ne lui arrivera plus ; et surtout pas un événement similaire à celui auquel il vient d'échapper ou qu'il vient de subir. Il veut croire qu'une éternité heureuse s'ouvre devant lui. Et il écarte de son chemin tous ceux qui lui annoncent que le pire reste à craindre et que, s'il ne prend pas cette éventualité au sérieux, il ne pourra pas, une nouvelle fois, y échapper.

Sans doute est-ce là le propre de l'homme : il ne peut tolérer l'idée que lui ou ses semblables recommenceront les mêmes erreurs. Il ne peut passer son temps à penser que des catastrophes peuvent l'atteindre, qu'il est mortel et que sa vie s'arrêtera bientôt. Et, quand il y songe, c'est trop souvent pour se résigner à subir ce qu'il impute aux autres, à la fatalité, au destin ou à la Providence.

Bien sûr, il y a des exceptions à ces règles. D'innombrables exceptions. Beaucoup de gens affrontent l'adversité avec courage et lucidité, en ayant appris de leurs expériences ou de leurs lectures. Le souvenir de catastrophes déjà vécues, par eux ou par leurs ancêtres, leur rappelle sans cesse qu'elle est encore possible. Ils agissent en conséquence, rationnellement, pour eux et pour leurs proches, et se protègent.

Certains basculent même dans l'excès inverse et voient le pire partout, convaincus qu'eux, comme le monde, courent à leur perte quoi qu'ils fassent.

D'une manière générale, l'optimisme est socialement recommandé. Il ne fait pas bon, dans la plupart des sociétés, d'être prophète de mauvais augure.

Tout est fait, même, politiquement pour nous encourager à ne pas envisager les risques de l'avenir. On peut le comprendre : c'est le seul moyen de ne pas vivre dans l'angoisse.

Sans doute est-ce aussi un des principaux moteurs de l'Histoire : trouver des façons de se débarrasser de l'angoisse.

Aujourd'hui, plus que jamais, nous faisons tout pour y échapper. Par la soumission sereine à ce qui serait une fatalité, ou par l'espérance en un au-delà rédempteur, en un progrès salvateur ou encore en un homme providentiel. Et ceux qui ne se contentent pas de ces espérances traitent l'angoisse comme une maladie qu'ils éloignent par des thérapies diverses ou par des substances chimiques, plus ou moins licites.

Pourtant, en niant l'angoisse, en évitant d'analyser les risques, en se bourrant de tranquillisants pour devenir artificiellement insouciant, l'homme perd mille et une chances d'être vraiment heureux : comment vivre pleinement une bonne vie si on ne prend pas conscience de l'inéluctabilité de la mort ? Comment survivre à des dangers qu'on ne veut pas voir ? Comment écarter les menaces qu'on ne combat pas à temps ?

Ce qui est vrai des hommes l'est aussi des nations et des civilisations : toutes les superpuissances, au cours de l'Histoire, ont décliné, l'une après l'autre, parce qu'elles n'ont pas voulu prendre conscience des risques qu'elles couraient. Tous les empires se sont effondrés, l'un après l'autre, en se croyant invicibles. Toutes les civilisations ont disparu, l'une après l'autre, en se pensant éternelles. Et aujourd'hui, plus encore, c'est l'espèce humaine tout entière qui est menacée, au moment même où sa puissance est à son apogée, et où tout semble aller mieux que jamais pour elle.

Les signes annonciateurs de l'imminence de ces effondrements se nomment « crises », moments paroxystiques de contradictions. Elles peuvent prendre mille formes, qui tiennent toutes à l'accumulation de contradictions. Pendant ces moments de paroxysme, s'accélèrent des évolutions, vers le mieux pour certaines, vers le pire pour les autres. Ces moments sont parfois si longs qu'ils durent plus qu'une vie d'homme : bien des vies commencent et se terminent au sein d'une crise, sans jamais en voir la fin.

Et quand on refuse de voir venir ces crises, quand elles prennent de court, elles sont particulièrement violentes.

Il ne sera ici question que des crises qui touchent les nations, les civilisations et l'humanité ; pas de celles qui peuvent affecter nos vies personnelles, sinon lorsqu'elles résultent de notre participation à une société. Et il sera surtout ici question des solutions que chacun doit mettre en œuvre pour survivre à une crise de société, pas à une crise personnelle. Même si, on le verra, les principes applicables sont très voisins.

Ces crises peuvent prendre huit formes : financière, économique, sociale, politique, géopolitique, idéologique, technologique et écologique.

Aujourd'hui, tous les signes indiquent l'occurrence d'une crise multiforme, prenant tous ces visages à la fois. Tous les signes annoncent même l'occurrence possible d'un désordre extrême, de paniques nombreuses, d'une barbarie, d'un effondrement de nos civilisations.

Pourtant, l'humanité fait tout pour ne pas voir les signes de ces dangers. Et quand elle les voit, elle déploie, pour en retarder l'occurrence, d'innombrables manœuvres dilatoires : plus de monnaie, plus de dette, plus de procrastination, plus de distraction, plus de discours et de promesses. Avec l'espoir que le progrès technique, ou « les autres », ou la croissance, ou la Providence, ou l'idéologie, ou l'élimination de boucs émissaires, résoudront tout.

Rien n'est pire, cependant, que d'attendre des autres la solution de nos problèmes. C'est la certitude du désastre : les crises qui ne sont pas traitées à temps, lucidement, par ceux qu'elles menacent directement finissent par devenir des tsunamis si puissants que rien ne peut plus les arrêter. Et n'ont survécu que les sociétés qui ne se sont pas contentées d'un sentiment d'invincibilité ou de l'attente d'un sauveur ; les sociétés qui ont voulu se préparer aux défis à venir, qui ont accepté de vivre avec une certaine paranoïa, de se prendre en main et d'affronter une certaine dose d'angoisse à visage découvert.

*

* *

Qu'en est-il aujourd'hui ? Que pourrait-il se passer et quand ? Pourra-t-on encore éviter ou se protéger de nouvelles crises ? Individuellement ? Collectivement ?

Une nouvelle fois, comme à plusieurs reprises dans le passé, chacun, où qu'il se trouve sur cette planète, sent bien que nous vivons comme un avant-guerre, comme une grande rupture, comme un basculement, écologique, financier, économique, politique, géopolitique, technologique, culturel, philosophique, idéologique ; et que procrastiner ne sera plus très longtemps possible. Au même moment, tous les instruments dont nous disposons pour mesurer, prévoir, maîtriser s'évanouissent : l'immatériel dissout les lois des marchés ; la nature prend le pouvoir ; le passé et l'avenir se vengent sur le présent.

Pour l'avoir annoncé souvent, je pourrais me lasser et ne plus le répéter. Mes lecteurs pourraient même penser que mes pronostics sont erronés, puisque les catastrophes redoutées n'ont pas encore eu lieu. Et pourtant, s'ils veulent bien me lire et me relire, ils verront que bien des évolutions que j'ai, avec d'autres, prévues se sont produites.

De tout cela, j'ai en effet déjà parlé à maintes reprises, en particulier dans *L'Anti-économique*, *Les Trois Mondes*, *Une brève histoire de l'avenir*, *Survivre aux crises*, *Tous ruinés dans dix ans ?* et *Vivement après-demain !*. Et je dois sans doute m'excuser de ne pas avoir été capable de convaincre, depuis plus de trente ans, de sortir de l'économie de l'énergie, de refuser la réification de l'espèce humaine et la transformation en marchandises de toutes les relations sociales. Si j'en reparle, c'est parce que les événements se précipitent, les menaces s'aggravent, qu'elles prennent un tour nouveau et qu'il est terrible de ne pas être écouté. Plus encore quand, ironiquement, beaucoup de gens me prêtent un pouvoir que je n'ai pas.

Aujourd'hui, et même si bien des choses vont beaucoup mieux que jamais, dans un grand nombre de domaines – pas seulement économique et social –, la situation empire, même depuis la crise précédente, financière, celle de 2007. Et, encore une fois, on n'a fait depuis lors que reporter les échéances, de toute nature : financière avec la dette, économique avec le chômage, sociale avec les inégalités, politique avec le populisme, géopolitique avec les affrontements qui s'annoncent, technologique avec l'intelligence artificielle, écologique avec le réchauffement climatique, idéologique avec la remise en cause de la démocratie et la montée des fondamentalismes de toutes sortes.

Si rien n'est fait pour maîtriser ces enjeux, les victimes des bouleversements à venir seront, une fois de plus, d'abord les plus pauvres et les plus faibles. Alors que les plus riches, les plus puissants, ceux qui savent, les initiés, réussiront, provisoirement au moins, à s'en sortir. Ils profiteront même de la folie du monde, quitte à aggraver la situation des autres.

On verra alors, on voit déjà, refleurir les « éloges de la barbarie » dont se nourrissait l'élite intellectuelle de l'entre-deux-guerres. On verra, on voit déjà, le nihilisme répondre à l'égoïsme, la dictature à la démocratie.

L'objet de ce livre est d'aider chacun – quel que soit son niveau de savoir, de fortune, de puissance, de relations – à affronter lucidement les grands enjeux politiques, écologiques, économiques, financiers, sociaux, géopolitiques, technologiques, idéologiques de demain et en tirer le meilleur.

Car il est possible de se prémunir contre les prochaines crises, de se protéger de leurs pires conséquences, et même, en changeant notre modèle de développement, d'en tirer le meilleur, pour permettre à l'humanité de continuer à vivre sur cette planète. Pour y parvenir, il ne suffira pas de s'enfermer dans quelques murailles de pacotille : ni le protectionnisme ni la xénophobie ne protégera personne d'une crise financière ou d'une perte de liberté, et encore moins du réchauffement climatique.

Il nous faut au contraire, dès à présent, faire l'effort de chercher à comprendre où nous en sommes, sans nous contenter de phrases creuses ou d'invectives.

En particulier je tiens pour établi qu'on ne peut parler sérieusement du sort et du destin des femmes et des hommes, de la nature et de la planète, de la justice et de la liberté, sans une compréhension sérieuse des réalités économiques et sociales, scientifiques et techniques ; qui passent par l'analyse des faits et des statistiques, au moins autant que par celle des idéologies et des systèmes politiques, qui en dépendent très largement.

On comprendra alors qu'on ne pourra sortir, ici et maintenant, des graves difficultés du monde d'aujourd'hui qu'en servant l'intérêt des générations futures. Car, et c'est l'essentiel : *le présent n'est que la matérialisation éphémère de l'avenir*.

Pour agir dans l'intérêt des vivants, il faut d'abord se préoccuper de ceux qui vivront demain. Tel est le secret de la maîtrise de toutes les crises à venir.

CHAPITRE 1

Pourquoi s'inquiéter ? Tout va très bien !

« Tout va très bien, disent-ils, ne vous inquiétez pas, le monde va vers le mieux ! » Tel est le discours des élites dominantes, qui rivalisent de promesses pour les électeurs, les actionnaires, les salariés, les consommateurs d'aujourd'hui et de demain. Les banques centrales publient ainsi des messages de sérénité et d'espoir, promettant une croissance durable sans chômage ni inflation ; et les gouvernements relaient leurs messages rassurants afin de convaincre des opinions de plus en plus sceptiques.

Les livres se multiplient qui expliquent les raisons d'être confiant en l'avenir. Un des principaux hommes d'affaires et mécène du monde, Bill Gates, vient d'en recommander un, particulièrement éclairant, d'un certain Hans Rosling, *Factfulness* (en partie sous-titré d'une façon explicite : *Et pourquoi les choses vont mieux que vous ne le pensez*), qui s'efforce d'expliquer pourquoi on aurait tort de se concentrer sur les mauvaises nouvelles.

De fait, les raisons objectives d'être optimiste sont nombreuses et méritent d'être rappelées.

La part de la population mondiale en situation de pauvreté extrême (c'est-à-dire vivant avec moins de 1,90 dollar par jour selon la définition de la Banque mondiale) n'a jamais été aussi faible ; elle a même été divisée par 2,5 au cours des trois dernières décennies et ne touche plus que 700 millions de personnes contre 1,9 milliard en 1981.

L'espérance de vie humaine est plus élevée que jamais ; elle est passée, en moyenne mondiale, de 47 ans en 1950 à 72 ans en 2018. Le taux de mortalité infantile a diminué de 15 % à 3 % sur cette période ; la malaria a pratiquement disparu ; Ebola est sous contrôle ; les décès liés au SIDA ont quasiment diminué de moitié depuis 2005. Plus de 80 % des enfants d'un an bénéficient de vaccins ; en 2018, 21,7 millions d'individus ont accès à des traitements antirétroviraux, soit trois fois plus qu'en 2010. Au cours des vingt-cinq dernières années, le pourcentage de personnes dépendantes de systèmes d'assainissement dangereux pour la santé est passé de 57 % à 33 % de la population mondiale.

Le nombre d'enfants par femme décroît presque partout : en Iran, il est passé de plus de six en 1984 à moins de trois à la fin des années 1990 et de deux aujourd'hui. En Afrique subsaharienne, où il reste encore très élevé, il est passé de 5,1 en 2005 à 4,7 en 2015. Seule l'Europe fait exception passant de 1,4 en 2000 à 1,6 en 2015. Environ 300 millions de femmes dans les soixante-neuf pays les plus pauvres ont utilisé une forme de contraception en 2016, soit une augmentation de 30 millions par rapport à 2012. De plus en plus de gens sont couverts par une assurance, pour les principaux risques, en particulier de santé. Le Rwanda a, par exemple, réussi sa mise en place d'une couverture sanitaire universelle, couvrant 98 % de la population.

Le niveau d'éducation mondiale augmente aussi : le taux d'alphabétisation des plus de 15 ans est de 86 % en 2016 contre 70 % en 1980. Entre 2000 et 2015, le taux de scolarisation est passé de 84 % à 90 % en primaire et de 55 à 65 % dans le secondaire.

La croissance mondiale est aujourd'hui au plus haut et semble durable ; des capitaux énormes sont disponibles ; les taux d'intérêt sont très bas, ce qui réduit beaucoup le coût du service des dettes.

La production alimentaire par tête a augmenté massivement durant les trente dernières années ; les stocks mondiaux de blé augmentent sans cesse depuis 2013 et devraient atteindre à la fin 2018 le niveau record de 258 millions de tonnes.

Le progrès technique tient beaucoup de ses promesses, en matière de santé, de villes intelligentes, de partage du savoir, de transport, d'économie d'énergie, d'énergies renouvelables, de réalité virtuelle, de biotechnologies, de nanotechnologies, avec d'innombrables applications en matière de construction, de transport, de santé, de loisirs, d'information et dans mille autres domaines.

Enfin, on ne semble pas manquer de matières premières (biomasse, minéraux industriels, minerais métalliques, ressources énergétiques fossiles, etc.). Et les réserves en augmentent : alors qu'en 1950 les réserves de cuivre étaient d'un peu moins de 100 Mt, elles sont aujourd'hui de 720 Mt. Il en va de même pour le pétrole, et pour la plupart des autres matières premières.

Les puissances actuelles semblent aussi avoir les moyens de ne pas décliner : les États-Unis restent une superpuissance que rien ne semble pouvoir ébranler. Ils ont encore, et de loin le premier budget militaire du monde, avec la première marine et la première aviation de la planète ; et ils viennent même de lancer un programme militaire spatial de très grande ampleur. Ils ont encore, et durablement, la première armée du monde, une économie en forte croissance et leurs industries de l'image imposent à la planète entière un modèle culturel qui les aide à vendre leurs produits et à asseoir leur pouvoir. Depuis 2009, le revenu par habitant ne cesse d'y croître. L'endettement immobilier des Américains est beaucoup plus sain qu'avant la crise de 2007. Ils abritent encore, et durablement, les plus grandes entreprises mondiales, les plus grandes technologies ; ils ont en particulier la maîtrise de l'analyse des données des consommateurs, de l'intelligence artificielle, des nanotechnologies, des biotechnologies et des neurosciences. Enfin, la politique fiscale du président Trump donne encore plus de moyens de croissance et d'investissements à leurs entreprises, pendant que sa politique protectionniste les favorise.

En Asie, qui produira en 2050 plus de la moitié du PIB mondial, presque personne ne parle de risque de crise, et chacun voit le XXIe siècle comme celui du triomphe de ce continent. Depuis 2008, la Chine est à l'origine du tiers de la croissance mondiale. Elle est en train de devenir une puissance militaire de très haut niveau. Le yuan est une monnaie de référence dans la région. Les crises qu'on y annonçait semblent écartées : alors qu'on a beaucoup craint l'explosion de la dette publique chinoise, elle semble désormais sous contrôle ; de même, la dette du secteur privé non financier est maîtrisée, alors qu'on prédisait son explosion. Les grandes entreprises chinoises rivalisent avec leurs concurrentes américaines dans les domaines de l'intelligence artificielle et du commerce en ligne. Dans le même temps, le programme des Nouvelles Routes de la Soie, qui vise à intégrer la Chine dans l'économie mondiale, est vingt fois plus important que ne le fut en son temps pour l'Europe le plan Marshall ; il couvre plus de soixante-cinq pays, de la Russie à Singapour, de la Malaisie à l'Inde, d'Israël et du Golfe à l'Afrique tout entière.

L'Inde entre dans la compétition et pourrait devenir, non seulement la nation la plus peuplée du monde, mais aussi une très forte puissance économique mondiale. On pourrait ajouter des pronostics extraordinairement optimistes sur le Vietnam, l'Indonésie, la Malaisie, l'Australie, la Russie. Et, là où la redistribution et l'attention à l'éducation sont importantes, comme à Singapour ou au Bhoutan, les inégalités se réduisent.

On peut en dire presque autant de l'Afrique, immense promesse pour l'avenir. En 2050, son PIB dépassera celui de l'Europe ; à cette date, trois pays africains feront partie du top 30 des économies mondiales : le Nigeria (14e), l'Égypte (15e) et l'Afrique du Sud (27e). 1,4 milliard d'Africains auront atteint un niveau de revenus des classes moyennes ou supérieures ; et plus de 60 % de la population du continent sera urbaine, libérant ainsi des opportunités de développement social et économique importantes. On devra y développer d'énormes infrastructures en matière d'énergie, de transport, d'eau, de ports, de voierie. Des entreprises y sont en passe de devenir des leaders mondiaux. Déjà, y ont surgi des innovations d'une importance majeure, comme le paiement mobile, et bien d'autres dans le domaine agricole et les services.

Enfin, l'Europe n'est pas si mal partie qu'on le dit : l'Union européenne, ce sont 510 millions de citoyens rassemblés dans un espace démocratique représentant un quart du PIB mondial, dans une société prospère, stable et pacifique, que de nombreux pays voisins rêvent de rejoindre. Contrairement à tous les pronostics, l'euro existe encore et c'est une monnaie solide et convoitée. La Banque centrale européenne a fait de grands progrès dans l'analyse des crises financières et dans les moyens de limiter leurs impacts ; elle a multiplié les instruments de contrôle, et les banques commerciales européennes sont plus solides qu'auparavant. Enfin, l'Union européenne a commencé à réduire sa dépendance aux sources externes d'énergie et elle avance sur la voie d'une plus grande intégration des moyens de sa défense.

La gouvernance mondiale elle-même progresse : l'Europe et le Japon ont signé en juillet 2018 un accord sur une zone de libre-échange comprenant près d'un tiers du produit intérieur brut mondial et plus de 600 millions d'habitants. De nombreux autres accords multilatéraux ont été mis en place, en particulier autour de l'OCDE, sur le terrain de la fiscalité internationale. L'augmentation du capital de la Banque mondiale a pu être menée sans encombre. Certains problèmes écologiques planétaires ont trouvé une solution : le trou dans la couche d'ozone a été réduit ; au Belize, la deuxième plus grande barrière de corail du monde n'est plus en danger ; l'accord de Paris, ratifié par cent soixante-huit pays, premier accord universel juridiquement contraignant sur le climat, constitue un tournant essentiel dans la lutte contre le réchauffement climatique.

La violence est partout en diminution ; tant la violence domestique que la violence urbaine ; et même, malgré les apparences, les guerres et le terrorisme. Nous sommes passés, en Angleterre, d'un taux d'homicide de 100 par an pour 100 000 individus au XIVe siècle à 1 en 2018, soit 0,7 % du nombre de décès annuels. Depuis 1989, la moyenne du nombre de victimes tuées dans des conflits dans le monde s'élève à 0,5 % pour 100 000 combattants soit 0,21 % de tous les décès annuels. Les catastrophes naturelles ne représentent que 0,01 % de tous les décès annuels ; le terrorisme 0,05 %, les crashs d'avions 0,01 % ; et les accidents nucléaires 0 %.

Depuis trente ans, bien des dictatures sont tombées, en Amérique latine, en Afrique ou en

Asie. Parmi elles, les républiques communistes de l'ancienne Union soviétique, le régime d'apartheid en Afrique du Sud, les dictatures argentine, brésilienne, nigériane, indonésienne, irakienne, afghane, pakistanaise, kényane, libérienne, et bien d'autres.

De plus, on voit surgir partout un désir d'altruisme et de positivité ; des jeunes plus nombreux que jamais s'engagent dans des actions au service des autres, sans chercher à faire du profit ; des entreprises culpabilisent, plus ou moins honnêtement, parce que leurs produits ne sont pas éthiques, ou pas fabriqués éthiquement.

Enfin, ne faut-il pas se rassurer, si on craint malgré tout l'occurrence de nouvelles crises, en observant celles du passé ? N'ont-elles pas été surmontées, chacune à leur tour, par des progrès techniques fabuleux, ou par la mise en place de nouveaux outils de politique économique et sociale ? Et de nouveaux progrès techniques, plus fabuleux encore, ne s'annoncent-ils pas pour l'avenir ?

Au total, les catastrophistes ont-ils définitivement tort ? L'optimisme est-il de mise ? Le progrès est-il l'avenir de l'humanité ? La barbarie est-elle définitivement reléguée dans les bas-fonds de l'Histoire ? Allons-nous voir la croissance continuer jusqu'à l'infini ? La paix universelle et éternelle est-elle au coin de la rue ? Le climat se stabilisera-t-il pour le plus grand bien de tous ?

Dans certains pays, dans certains milieux, ces questions ne se posent pas. Qui parle du chômage au Québec ? Des difficultés de l'école en Finlande ? Des risques de récession à Singapour ? Des problèmes écologiques au Costa Rica ?

Cet optimisme existe et s'exprime un peu partout. Chez les riches, évidemment. Et chez ceux qui voient le monde depuis leurs laboratoires et leurs start-up. On le trouve en particulier aux États-Unis, dans la Silicon Valley, en Inde, en Chine et même en Europe, parmi les adeptes d'une nouvelle religion, celle de la technologie triomphante et des start-up prometteuses. Il s'exprime dans un nombre incroyable de journaux, de revues, de livres, de conférences, de débats, qui forment une idéologie rassurante, planétaire et hautaine à la fois.

Et pourtant, même dans ces milieux, on entend des premières voix critiques, ou au moins inquiètes : celles-ci savent, comme d'autres, qu'aucun arbre ne pousse jusqu'au ciel ; que leurs promesses sont intenables, que de nouvelles crises, de nouvelles flambées de violence menaceront. Menacent déjà. Qu'une grave crise climatique n'est pratiquement plus évitable.

CHAPITRE 2

La folie du monde

Malgré tout ce qui précède, il faudrait être aveugle pour ne pas voir tout ce qui, dans les gigantesques bouleversements en cours, constitue des menaces, immédiates ou à plus long terme, pour chacun de nous, pour nos pays, pour la nature, pour l'humanité. Et, pour ne pas prendre acte de l'incroyable impréparation mentale, culturelle, géopolitique, politique, des entreprises et des hommes politiques confrontés à ces enjeux.

D'abord, l'optimisme lui-même est toujours source de problème. Ce que le grand économiste américain, trop négligé, Hyman Minsky, appelait joliment le « paradoxe de la tranquillité » explique comment les crises prennent très souvent leur source justement dans un climat où, comme aujourd'hui, un ensemble d'indicateurs incitent à l'optimisme ; et où, par conséquent, on ne fait rien pour se préparer à comprendre, prévoir, affronter ni détourner les menaces du monde, que révèlent pourtant bien d'autres indicateurs.

De fait, dans beaucoup de domaines, les gens sont justement dans une situation de déni des drames du passé, du présent et de l'avenir. Certains contestent par exemple la réalité de la Shoah ; ou refusent d'admettre que des millions de gens meurent encore aujourd'hui de faim ; ou encore nient les dangers climatiques.

Il existe deux sortes de risques pour l'avenir : certains sont identifiés comme possibles, et seule leur occurrence est incertaine et imprévisible (tels l'effondrement d'un pont en mauvais état, un choc financier, une famine, un manque de matières premières, une guerre mondiale ou le changement climatique) ; ils sont dits « connus-inconnus ». D'autres ne sont pas clairement identifiés et leur occurrence est aussi imprévisible. Ils sont dits « inconnus-inconnus » (par exemple, une pandémie mondiale d'une maladie rare ou inconnue, ou un choc avec un météorite, ou tout autre phénomène auquel nous n'avons même pas encore pensé et qui pourrait provoquer des tragédies immenses).

Concentrons-nous dans la suite sur les risques « connus-inconnus ». Ils sont assez nombreux pour mériter qu'on s'y arrête. Et ils révèlent comme le début d'un emballement, d'une folie du monde.

Les richesses sont de plus en plus concentrées

Le capitalisme moderne (et il est présent aujourd'hui sur toute la planète) provoque, en l'absence de processus efficace et global de redistribution, une formidable concentration des richesses. Les plus riches ne sont plus seulement, comme par le passé, les détenteurs de rentes foncières, mais aussi les financiers, les entrepreneurs, les innovateurs, les artistes et autres acteurs du monde de la distraction. Plus précisément, ce sont les initiés et ceux qui gravitent autour d'eux.

Sans se noyer de chiffres, voici les faits ; ils sont accablants : les 1 % des plus riches ont perçu 21 % du revenu mondial en 2016, contre 16 % en 1980. Les revenus des 0,001 % les plus riches ont crû de 250 % de 1982 à 2016. Dans les seuls pays membres de l'OCDE, le revenu moyen des 10 % les plus riches est aujourd'hui dix fois supérieur à celui des 10 % les plus pauvres. Au Moyen-Orient, les 10 % les plus riches accaparent près des deux tiers du revenu national. En Chine, le centile supérieur détient, en 2018, 30 % du patrimoine contre 15 % en 1995. En Russie, les 1 % les plus fortunés détiennent 43 % du patrimoine contre 22 % en 1995.

Les épargnants, et en particulier ceux qui, initiés, ont su placer leur argent en Bourse, ou en utilisant les conseils de fonds de placements utilisant des modèles sophistiqués, ont vu leur patrimoine multiplié par dix, voire par cent ou mille dans les dix dernières années.

En 2017, 500 milliardaires possédaient 5 300 milliards de dollars, contre 4 400 milliards de dollars fin 2016. La fortune de l'un d'entre eux, Jeff Bezos, est passée de 32 milliards de dollars en 2014 à 150 milliards de dollars en 2018. Yang Huiyan, actionnaire majoritaire du groupe chinois spécialisé dans l'immobilier Country Garden Holdings, a vu sa fortune augmenter de 6,1 milliards de dollars en une semaine en Bourse.

Certains financiers tirent génialement parti pour faire fortune des écarts de valeur, sur une très brève période, d'un titre, ou même d'un pari sur la hausse ou la baisse de la valeur d'une action, ou d'une stratégie complexe d'investissement.

L'extrême pauvreté (moins de 1,9 dollar par personne) touche presque 2 % de la population aux États-Unis, plus de 20 % en Inde, 53 % au Nigeria et 75 % à Madagascar. Près de 10 % des enfants continuent de travailler illégalement dans le monde. La part de la population souffrant de la faim reste de 11,7 % en Asie, de 20 % en Afrique (en Afrique orientale 33,9 %) et seulement de 6,6 %

en Amérique latine et aux Caraïbes. Entre 2016 et 2017 cette extrême pauvreté a augmenté : 38 millions de personnes de plus souffrent de la faim, en grande partie en raison de conflits et de différents chocs climatiques. La famine a frappé certaines parties du Soudan du Sud et atteint le nord-est du Nigeria, la Somalie et le Yémen.

La pauvreté relative (qui correspond à des revenus inférieurs à 60 % du revenu médian) touche 22 % des habitants des pays développés dont 17 % en Europe et 14 % en France. Si on la mesure aussi dans les pays non développés, on arrive à considérer que plus de 2,5 milliards d'individus vivent soit sous le seuil international de pauvreté extrême, soit sous un seuil de pauvreté relative caractéristique de chaque pays.

C'est encore plus vrai en matière d'éducation : même si des progrès ont eu lieu depuis les années 2000, beaucoup d'enfants ne vont toujours pas à l'école. D'après les Nations unies, dans 40 pays sur 93 étudiés, moins de 50 % des enfants les plus pauvres vont à l'école primaire. Dans 57 pays sur 127 étudiés, plus de 50 % des jeunes n'ont pas validé des études au lycée. En Afrique subsaharienne, 60 % des plus pauvres entre 20-24 ans n'ont été scolarisés que pendant moins de quatre ans. Et encore faudrait-il vérifier ce qu'ils peuvent avoir appris dans des écoles surchargées, aux maîtres mal formés et sans matériel pédagogique. Et de même, la formation permanente est réservée aux plus riches : au sein même de l'OCDE, 60 % des plus qualifiés peuvent bénéficier de la formation professionnelle tandis que, pour les moins qualifiés, le maximum obtenu est en Suède avec un taux de seulement 20 %.

Les classes moyennes sont aussi touchées, prolétarisées par leur travail, paupérisées par le prix des logements : plus question pour elles d'acheter un appartement dans un quartier de grande ville où que ce soit dans le monde.

Les infrastructures ne sont plus maintenues

Les infrastructures sont de moins en moins bien entretenues. On prolonge exagérément, faute de moyens, la durée de vie des ponts, des routes, des centrales nucléaires, des barrages.

On ne construit pas assez d'usines de dessalement et de traitement de l'eau. Les pipelines ne sont pas assez bien entretenus.

Aux États-Unis, sur un total de 600 000 ponts autoroutiers, 217 000 sont recensés comme déficients. Parmi eux, 60 000 représentent un danger structurel. Cela a déjà eu des conséquences dramatiques : plusieurs catastrophes ferroviaires (huit morts et deux cents blessés à Philadelphie en mai 2015 ; un mort et cent quatorze blessés à Hoboken, dans le New Jersey, en septembre 2016) ; et l'effondrement d'un pont à Minneapolis en 2007. Sur le seul réseau ferroviaire d'Amtrak, 178 déraillements ont eu lieu entre 2000 et 2016, dont 73 seraient liés à l'état des rails.

En France, sur les 12 000 ponts du réseau routier national, 4 000 auraient besoin de rénovations (30 %) ; et 7 % (des ponts et tunnels) présentent un risque d'effondrement. En Allemagne, 2 500 ponts routiers sont considérés comme « insuffisants ».

Ailleurs en Europe, de nombreuses infrastructures, mal entretenues, commencent à donner des signes de faiblesses. Ainsi, la tragédie de Gênes en août 2018 est un exemplaire symbole de la priorité accordée aux flux (la circulation) sur les stocks (le viaduc permettant aux flux de circuler).

Le chômage ne décroît pas

Dans les pays où on mesure le chômage, en particulier en Europe, il demeure souvent encore supérieur au niveau d'avant la précédente crise de 2007, notamment pour les jeunes ; en Espagne et en Italie, il dépasse le tiers dans ces classes d'âge. Dans certains quartiers des villes de ces pays, plus de la moitié des jeunes restent durablement au chômage, certains même n'ont connu que le chômage toute leur vie.

En juin 2018, 15,2 % des jeunes Européens (hors étudiants) sont au chômage dans l'Union européenne et 16,9 % dans la zone euro. À Malte, le taux de chômage des jeunes est le plus bas (5,5 %) ; en Allemagne, 6,2 %, aux Pays-Bas, 7,2 % et en Estonie, 7,9 % en mai 2018 ; le taux est de 42,3 % en Grèce, 34,1 % en Espagne et 32,6 % en Italie.

En France, la situation est particulièrement grave. 29 % des jeunes des quartiers prioritaires (ZUS) quittent le système scolaire sans diplôme, contre 16 % hors ZUS. 22 % des enfants d'ouvriers seulement sont diplômés du supérieur, contre 75 % des enfants de cadres ; le taux de chômage des jeunes de milieux défavorisés non diplômés est de dix points supérieur à celui des jeunes plus favorisés ; trois ans après l'obtention de leurs diplômes, 71 % des enfants de cadres ont un emploi contre seulement 55 % chez les enfants d'ouvriers ou d'employés ; trois ans après leur sortie de formation et leur entrée dans la vie active, les jeunes vivant en ZUS sont à 34 % au chômage contre 12 % des jeunes vivant hors ZUS.

Dans d'autres pays, le taux de chômage est masqué par le jeu des statistiques : aux États-Unis par exemple, on ne comptabilise ni ceux qui sont en prison, ni ceux qui sont dans des hôpitaux psychiatriques, ni ceux qui sont dans la rue ; ce qui au total représente une part importante de la population en âge de travailler.

Dans de nombreux domaines, la technologie continue d'éliminer un grand nombre d'emplois. Dans les usines et les bureaux, la numérisation supprime des emplois. Les sites de voyages ont réduit le besoin classique d'agents de voyages ; les logiciels fiscaux ont éliminé des dizaines de milliers d'emplois de comptables ; les secrétaires et les opérateurs de téléphonie sont remplacés par des logiciels.

Des statuts de plus en plus précaires

Dans ces économies de marché de plus en plus compétitives, tout devient de plus en plus précaire : le contrat de travail, la résidence, les relations, le mariage, les carrières politiques et artistiques.

En l'espace de trente ans, le taux d'emplois précaires en Occident a presque triplé, tandis que la durée moyenne d'un emploi a, elle, diminué. En France, depuis le milieu des années 1980, la part de jeunes sortis depuis moins de cinq ans du système éducatif et qui occupent un emploi précaire est passée de 17 % à 35,5 %.

Les objets eux-mêmes sont de plus en plus précaires : un ordinateur portable ne dure plus en moyenne que deux à cinq ans ; les télévisions de sept à dix ans ; les machines à laver sont programmées pour environ douze ans, et une imprimante, quatre à six ans.

La santé mondiale est encore incertaine

Malgré les résultats très positifs mentionnés plus haut, les problèmes de santé dans le monde sont loin d'être sous contrôle : 115 personnes en Afrique meurent toutes les heures de maladies liées à un mauvais assainissement, à une mauvaise hygiène ou à de l'eau contaminée ; 1,8 million de personnes, dont 90 % d'enfants de moins de 5 ans, meurent chaque année de maladies diarrhéiques. Près de la moitié de la population mondiale ne bénéficie pas d'une couverture complète des services de santé essentiels. Chaque année, 100 millions de personnes replongent dans l'extrême pauvreté à cause des dépenses de santé dont elles ont la charge. Seulement 29 % de la population mondiale disposent d'un accès à une sécurité sociale globale, et 71 %, soit 5,2 milliards de personnes, ne sont pas ou ne sont que partiellement protégées. 55 % de la population ne bénéficient d'aucune prestation sociale.

Seules 41,1 % des mères de nouveau-nés touchent une allocation maternité et 83 millions de nouvelles mères ne sont pas du tout couvertes.

En 2017, 325 millions de personnes vivent avec une infection chronique par le virus de l'hépatite B ou C. 36,9 millions de personnes vivent encore avec le VIH. 10,4 millions de personnes ont contracté la tuberculose et 1,7 million en sont mortes ; le diabète a tué 1,6 million de personnes en 2016, contre moins d'un million en 2000.

En 2017, le surpoids touchait 2,2 milliards de personnes. Plus de 70 % des Américains sont en surpoids, et plus de 30 % de la population américaine est obèse. Près de 40 % des Américains de plus de 20 ans souffrent d'obésité en 2016 alors que le taux était de 34 % en 2007. La Chine et l'Inde comptent le plus grand nombre d'enfants obèses.

Dans le monde, près de 300 millions de personnes souffrent de dépression, dont 60 millions de trouble affectif bipolaire, 47,5 millions de démence, 21 millions de schizophrénie. 76 % à 85 % des habitants de pays à revenu faible ou intermédiaire souffrant de troubles mentaux ne sont pas pris en charge (contre 35 % à 50 % dans les pays à revenu élevé). En 2015, on compte plus de 250 millions de consommateurs de stupéfiants. Les États-Unis sont en tête du classement des pays utilisant le plus d'opioïdes par tête, avec un taux deux fois supérieur à celui de l'Allemagne classée deuxième et sept fois supérieur au Royaume-Uni classé troisième. Cela crée une demande croissante pour ces drogues, dont les pays d'Amérique latine restent les premiers fournisseurs, de plus en plus gangrénés par cette économie criminelle.

Au total, dans certains pays, l'espérance de vie commence à diminuer. En particulier, aux États-Unis, le taux de mortalité des hommes blancs âgés de 45 à 54 ans augmente de 0,5 % chaque année depuis 1999 ; et l'espérance de vie des Américains a baissé de 0,1 an en 2015 et de 0,1 an en 2016, de 78,8 à 78,6 ans, depuis un pic à 79 ans en 2014.

Les matières premières se font rares et incertaines

Depuis l'aube de l'humanité, l'homme transforme des ressources gratuites en produits de consommation, à l'aide de machines activées par de l'énergie. Elle détruit ainsi de plus en plus de stocks pour produire de plus en plus de flux, de biens et de déchets.

Les chiffres sont effarants : l'humanité consommait 7 Gt de matières premières en 1900, 50 Gt en 2000 et 85 Gt en 2018. Et quelques-unes de ces matières premières, parmi les plus essentielles, commencent à manquer.

Les plus incertaines sont les « terres rares », c'est-à-dire certains métaux parmi lesquels le scandium, l'yttrium et les lanthanides, dont la production est le monopole de quelques nations. La Chine produit 95 % des terres rares.

Le cobalt est un autre enjeu majeur : les réserves mondiales de ce métal stratégique se trouvent surtout en République démocratique du Congo (50 %), en Australie (20 %) et à Cuba (14 %). La Chine en raffine 50 %. Il est utilisé notamment dans la fabrication d'alliages résistants à la corrosion, ainsi que dans certains accumulateurs, pour la fabrication de batteries de téléphones et de véhicules électriques. C'est aussi un élément essentiel pour les aimants et les supports magnétiques.

Certains secteurs sont plus menacés que d'autres : l'industrie européenne de défense, qui utilise trente-neuf matières (trente et un métaux dont trois précieux, cinq terres rares et trois minéraux) dont quatorze sont intégralement importées et six le sont à plus de 80 %, est particulièrement menacée.

L'air est de plus en plus pollué

Les émissions humaines de gaz carbonique ne se réduisent pas. En 2017, les émissions mondiales de carbone par la production d'énergie atteignent 32,5 gigatonnes.

Depuis l'an 2000, les forêts primaires ont perdu 6 millions d'hectares chaque année et peuvent moins absorber les émissions de gaz carbonique.

Même le passage au numérique, supposé économiser de l'énergie, produit de nouvelles émissions de gaz carbonique et de chaleur pour gérer les centres de stockage des données. Annuellement, l'empreinte d'Internet équivaut à 609 millions de tonnes de gaz à effet de serre, c'est-à-dire l'équivalent de ce que produit l'ensemble des vols civils mondiaux.

À cela s'ajoute le méthane produit par le bétail d'élevage, et par les sols inondés des rizières, vingt fois plus toxique encore que le gaz carbonique.

La mer est de plus en plus souillée, et les poissons de plus en plus rares

20 milliards de tonnes de déchets sont rejetés chaque année dans les mers et les lacs, dont près de 10 millions sont des déchets plastiques.

Le monde produit chaque année 5 000 milliards de sacs en plastique et presque autant de bouteilles. Un seul fabricant mondial de soda utilise chaque année 100 milliards de bouteilles en plastique.

Les pesticides, les nitrates, les phosphates, le plomb, le mercure, le zinc, l'arsenic finissent, avec les plastiques, par se retrouver dans les fleurs et dans la mer. Ils provoquent la prolifération d'algues. 28 % des poissons et un tiers des huîtres et moules consommés en Europe contiennent du plastique.

Cela a déjà créé quatre cents « zones mortes », ou hypoxiques, où la lumière ne pénètre plus, ce qui interdit la photosynthèse et réduit la production d'oxygène : ces zones sont principalement situées dans le Pacifique, la Baltique, les côtes de Namibie, le golfe du Bengale et le golfe du Mexique. En particulier, le « vortex de déchets du Pacifique Nord » rassemble sur 3,4 millions de kilomètres carrés (soit près de six fois la superficie de la France) plus de 7 millions de tonnes de déchets.

La planète est de plus en plus abîmée

Sur l'ensemble de la planète, au cours des cinquante dernières années, 60 % de milieux naturels ont été dégradés par l'urbanisation, le développement des infrastructures de transport et la surexploitation des ressources.

Près de 20 % des récifs coralliens ont été détruits, du fait de la pollution et de l'exploitation de la mer. Selon WWF, la population d'animaux marins a diminué de moitié entre 1970 et 2012.

De plus, l'usage des pesticides affecte les populations d'abeilles, les insectes auxiliaires, les vers de terre, les rongeurs, les oiseaux, les poissons. 96 % des eaux de surface et 61 % des nappes phréatiques contiennent des pesticides. Chaque année, ils intoxiquent 3 millions de personnes humaines. Le rythme actuel d'extinction des espèces vivantes est au moins de cent à deux cents fois (voire dix mille fois selon certains scientifiques) supérieur au rythme historique moyen d'extinction et de renouvellement des espèces.

Le climat se dégrade

Le réchauffement climatique est un fait tragique et indiscutable.

La température moyenne mondiale a augmenté de 0,85 °C entre 1880 et 2012. Il est probable que la période 1983-2012 ait été la plus chaude depuis mille quatre cents ans. En moins de quarante ans, la température moyenne des océans en surface (75 premiers mètres) a augmenté de 0,44 °C.

En conséquence, entre 1901 et 2010, le niveau de la mer s'est élevé de 19 centimètres. Le Bangladesh et le delta du Mékong font déjà face à la montée du niveau de la mer : à chaque mètre d'eau de plus, ce sont 7 % des terres agricoles vietnamiennes qui pourraient être immergées. En Arctique la banquise a rétréci de 11 % entre 1979 et 2012.

Chaque degré supplémentaire de la température moyenne réduirait d'environ 6 % le rendement du blé. Pour le riz, la baisse serait de 3,2 % et pour le maïs de 7,4 %.

L'eau douce manque

C'est là sans doute une des pénuries les plus importantes, les plus vitales et les moins médiatisées.

La consommation mondiale d'eau douce a été multipliée par six au cours des cent dernières années ; l'agriculture compte pour 70 % du prélèvement d'eau mondial. Une ressource souterraine sur trois est surexploitée. L'irrigation, l'évolution du climat, la croissance démographique, le développement économique, l'évolution des modes de vie et de consommation expliquent cette situation.

En particulier, la production de viande est consommatrice d'eau : il faut 13 500 litres d'eau pour 1 kg de viande de bœuf ; alors que 590 litres d'eau suffisent pour produire 1 kg de blé, 524 litres d'eau pour 1 kg d'orge et 454 litres d'eau pour 1 kg de maïs.

De plus, 80 % des eaux usées (industrielles et municipales) sont versées dans l'environnement sans traitement, altérant ainsi la qualité globale de l'eau douce et donc sa disponibilité.

Aujourd'hui, plus de 2,7 milliards d'êtres humains manquent d'eau au moins un mois par an ; cela touche trois habitants sur quatre au Moyen-Orient. 1,9 milliard de gens sont aujourd'hui en « pénurie d'eau » (définie quand les prélèvements totaux de l'utilisation humaine se situent entre 20 % et 40 % du total des ressources en eau de surface renouvelables disponibles) ou en « grave pénurie d'eau » (au-delà de 40 %).

En Afrique, surtout en Afrique subsaharienne, plus du quart de la population doit passer plus de trente minutes par aller-retour pour aller chercher un peu d'eau. 4,5 milliards de personnes manquent de services d'assainissement gérés de manière sûre ; 80 % des eaux usées retournent dans l'écosystème sans traitement.

Plus de 300 millions de personnes en Afrique subsaharienne vivent dans un environnement où l'eau est rare. Au total, l'Afrique dispose de moins de 1 000 m^3 d'eau par habitant et par an.

Les migrations s'accélèrent

En 2017, plus de 250 millions de personnes, soit plus de 3 % de la population mondiale, ne vivent pas dans leur pays de naissance, contre 220 en 2010. 106 millions d'entre elles sont nées en Asie. Selon l'ONU, en 2014, 125 millions de ces migrants étaient venus vers le nord (en venant du Sud ou du Nord) et 110 millions étaient venus vers le sud (en venant du Sud ou du Nord). Un nouveau flux massif circule en Amérique latine, à partir du Venezuela.

Depuis 2014, 1,8 million de réfugiés ont rejoint les 515 millions d'habitants de l'Europe avec un pic à 1 million en 2015.

En France, entre 1921 et 1931, les étrangers représentaient plus de 50 % de l'accroissement de la population avec 123 000 immigrés supplémentaires en moyenne par an pour une population de 40 millions d'habitants ; depuis les années 1970, le solde migratoire français n'est plus que de 50 000 à 100 000 personnes par an, pour une population supérieure à 60 millions, soit une part beaucoup plus faible qu'il y a un siècle de l'accroissement de la population française.

Les valeurs de la démocratie sont remises en cause

Dans ce contexte, la démocratie est mise à mal : elle est de moins en moins considérée comme un système idéal de gouvernement.

D'abord, certaines élites anciennes qui constituaient les cadres de la République sont écartées du pouvoir ; notamment ceux en charge de métiers essentiels mais largement prolétarisés, comme l'éducation et la santé.

Les riches transforment les démocraties en ploutocraties : ils obtiennent que les décisions collectives soient prises en fonction de leurs seuls intérêts, même si les autres électeurs croient avoir leur mot à dire. En particulier, les riches imposent des décisions peu conformes aux exigences écologiques planétaires, parce qu'ils peuvent s'exclure des conséquences à court terme d'une aggravation du climat.

De plus, alors que le marché est global, la démocratie suppose des frontières ; la globalisation des marchés vide chaque jour davantage les démocraties de leur sens. Les gouvernements démocratiques, empêtrés dans des petits scandales, soucieux d'une popularité vacillante, ne se donnent plus le temps d'être provisoirement impopulaires et d'agir pour le long terme. Et les marchés financiers, eux-mêmes globaux, dictent leurs lois et imposent une concurrence conduisant à la baisse des rémunérations du travail et des impôts sur le capital.

Enfin, les instruments de mesure sont de plus en plus vides de sens : les gens ressentent bien que la comptabilité ne veut plus rien dire. Le PIB ne mesure pas la dégradation de l'environnement et le temps passé à des activités de distraction ou de conversation sur les réseaux sociaux. De même, il ne valorise ni l'éducation, ni l'espérance de vie, ni l'état de la nature. Ainsi, les dirigeants, aussi honnêtes soient-ils, sont perçus comme des marionnettes entre les mains des riches et des menteurs.

En conséquence, partout, dans le monde, la démocratie est attaquée, les gouvernements difficiles à former, et les élites administratives et économiques sont clouées au pilori, pour ne pas avoir résolu les problèmes dont il a été question plus haut et pour se soumettre aux exigences des riches et des médias.

On voit apparaître, ouvertement, l'idée que la démocratie a fait son temps, qu'il faut passer à autre chose. Avec son amour du compromis, sa tolérance pour les idées des autres, son refus du fanatisme, la démocratie est vue comme incapable de faire rêver les peuples, de les amener vers le plus haut.

Et puisqu'elle a échoué, d'autres discours se font entendre, donnant la priorité à l'identité sur l'ouverture, à la sécurité sur la liberté, à la tradition sur l'innovation, à l'indignation sur la raison.

Comme dans d'autres périodes sombres de l'Histoire, on voit glorifiés les hommes forts, les doctrines fanatiques, les idéologies intolérantes.

Remettre ces évolutions dans une perspective longue

Si j'essaie de replacer cette situation dans le contexte de ma lecture longue de l'Histoire, telle que je l'élabore de livre en livre, elle s'inscrirait d'abord dans le mouvement planétaire vers le triomphe de la liberté individuelle, du chacun pour soi, du narcissisme, du triomphe de l'argent, de la réification des relations humaines, du développement des prothèses, accompagnant un élargissement du territoire de l'économie de marché et un rétrécissement de celui de la démocratie.

Elle s'inscrit, fondamentalement, dans une priorité croissante donnée au présent sur le passé et l'avenir. Dans une volonté tyrannique des vivants de profiter du monde, en détruisant ce qu'il fut et ce qu'il peut devenir. En ne s'occupant que des flux, qui sont l'instant, et pas des stocks, qui sont l'Histoire. En détruisant l'héritage, en ne laissant rien aux générations à venir.

Telle est la nouvelle barbarie du monde : celle qui est fondée sur un égoïsme absolu, niant aux ancêtres et aux descendants le droit d'avoir été ou de pouvoir être. Niant à la nature le droit de survivre et aux générations futures le droit de faire mieux que nous. Et, pour oublier le monde tel qu'il est, pour ne pas voir qu'on ne s'en occupe pas, dans une priorité croissante à la distraction comme forme de négation et de consolation.

Elle s'inscrit aussi, géopolitiquement, dans le déclin relatif de l'empire américain, et la tentative de plusieurs pays de prendre sa place d'empire dominant.

Cela se conclura, après mille soubresauts protectionnistes, populistes et identitaires, mille crises dont il sera question plus loin, par une victoire, provisoire en tout cas, des marchés sur les États, des objets sur les services, des machines sur les gens, de l'individuel narcissique sur le collectif altruiste.

Ce déclin relatif des États-Unis est un fait : le PIB américain, qui représentait la moitié du PIB mondial en 1945, n'en représente plus qu'un cinquième et 8 % du commerce mondial contre 21,7 % en 1948. Le taux d'épargne américain est au plus bas.

Le niveau d'éducation y décroît : le score en mathématiques d'un Américain âgé de 15 ans a décru de 486 en 2003 à 474 en 2015 (il est de 496 en France en 2015 et de 549 en Chine pour la même année). Pour les capacités de lecture, le score américain est aussi passé de 490 à 487 entre 2000 et 2015 ; contre 509 au Japon en 2015 et 525 à Singapour.

Parmi les 11,8 millions de brevets en vigueur dans le monde en 2016, 2,8 millions le sont encore aux États-Unis, 2 millions au Japon et 1,8 million en Chine. Mais l'Office d'État de la propriété intellectuelle de la Chine (SIPO) a reçu le plus grand nombre de demandes de brevet au monde en 2016, 1,3 million, suivi par l'Office des brevets et des marques des États-Unis d'Amérique (USPTO) avec 605 571 demandes, l'Office des brevets du Japon (JPO) 318 381 demandes, l'Office coréen de la propriété intellectuelle (KIPO) 208 830 demandes ; et l'Office européen des brevets (OEB) seulement

159 358 demandes. Et la part de l'Asie dans toutes les demandes déposées dans le monde est passée de 49,7 % en 2006 à 64,6 % en 2017.

Même la suprématie relative des États-Unis en termes d'armement est contestée : les Américains ne sont plus capables de mettre des hommes en orbite, ni même d'atteindre avec leurs propres fusées la Station spatiale internationale. En 2030, la marine chinoise sera plus puissante que la marine américaine, et, dès aujourd'hui, la Chine prétend disposer de missiles allant à cinq fois la vitesse du son, qu'aucune arme américaine ne saurait intercepter.

La Chine se présente donc comme rivale militaire des États-Unis ; elle se dote à grande vitesse d'une force marine et sous-marine, et d'une force aérienne et spatiale.

En 2016, la Chine a aussi dépassé les États-Unis dans le classement des ordinateurs les plus puissants du monde avec 167 supercalculateurs contre 165 aux États-Unis.

Elle n'est pas la seule nouvelle puissance : la Russie est à l'affût de sa grandeur perdue et s'allie pour cela à la Chine. La Turquie se relève d'un siècle d'humiliation et se réarme. Inde et Pakistan en font autant. Le Moyen-Orient reste un baril de poudre, autant que de pétrole.

Cela s'inscrit aussi dans une prolifération des activités criminelles, dans un monde où l'État de droit se dissout. Comme ces mafias ont déjà pris le contrôle d'une large partie de l'Amérique latine, elles pourraient maîtriser une vaste partie du reste du monde, en développant partout leurs activités illégales et criminelles et en prenant le contrôle de gouvernements, sur tous les continents, qu'elles mettront à leur service.

Et pendant ce temps-là, l'économie folle continue d'avancer, portée par les discours les plus optimistes de ceux qui animent les entreprises californiennes, au nom d'un usage rassurant de l'intelligence artificielle, des robots et de la réalité virtuelle.

Les maîtres de ce monde détruisent partout chaque jour davantage les patrimoines de toute nature, en particulier les patrimoines matériels, pour en tirer des flux, de plus en plus immatériels, avec des déchets de plus en plus grands.

Plus grave encore : l'ensemble de ces déséquilibres s'accélèrent. Les désordres du monde s'emballent.

CHAPITRE 3

L'emballement

La situation serait déjà tragique si elle se stabilisait. Pire encore, si rien n'est fait, les dérèglements vont continuer, s'emballer même et devenir incontrôlables. Il n'est pas très difficile de les prévoir.

La démographie restera sans contrôle

La croissance démographique constitue la première source d'innombrables menaces pour l'avenir. Il y aura 8,6 milliards de personnes sur la planète en 2030, 9,8 en 2050 et 11,2 en 2100, contre 2,5 en 1950 et 7,5 en 2018. Ce sera intolérable si nous conservons le même modèle de développement, de production, de consommation, d'habitation et de gouvernance.

En particulier, en 2050, l'Asie comptera 5,3 milliards d'habitants ; la population en Afrique atteindra 2,5 milliards, dont 85 % en Afrique subsaharienne ; et l'Amérique latine 785 millions. La population des quarante-sept pays les moins développés du monde sera d'environ 2 milliards. La moitié de la croissance de la population mondiale se concentrera dans seulement neuf pays, dont huit extrêmement pauvres : l'Inde, le Nigeria, la République démocratique du Congo, le Pakistan, l'Éthiopie, la Tanzanie, les États-Unis, l'Ouganda et l'Indonésie. D'autres, comme le Japon, la Chine, la Russie et l'Allemagne, déclineront en raison de la chute de leur natalité. Au total, en 2050, il y aura plus de Français que d'Allemands, de Turcs que de Russes, de Vietnamiens que de Japonais, de Nigérians que d'habitants des États-Unis d'Amérique.

Pour autant, la maîtrise de la natalité ne sera pas nécessairement une bonne chose : là où la natalité des filles baissera plus vite que celle des garçons, par choix, comme en Inde et en Chine, où naissent déjà 15 % de garçons de plus que de filles, il manquera 100 millions de femmes et on peut s'attendre à des conséquences sociales énormes. Enfin, ceux des pays pauvres dont la natalité diminue vieilliront avant d'être riches et auront le plus grand mal à financer leurs dépenses sociales, et en particulier leurs retraites.

Les richesses seront de plus en plus concentrées

Si on continue comme ça, la part du revenu mondial détenu par les 1 % les plus riches atteindrait 30 % en 2050 tandis que les 50 % des revenus les plus faibles ne toucheraient plus que 6 % du revenu mondial. L'objectif de l'ONU d'éradiquer l'extrême pauvreté en 2050 serait alors inaccessible. De plus, en raison du progrès technique, le salaire de la plupart des travailleurs de l'industrie et des services baissera, ce qui aggravera les inégalités entre salariés et détenteurs de rentes. Certains des privilégiés basculeront dans la classe moyenne et même dans la pauvreté. Après les médecins et les enseignants, ce sont les avocats, les journalistes, les hommes politiques, les hauts fonctionnaires qui rejoindront, qui rejoignent déjà la cohorte de ceux qui sont écartés des circuits de la richesse, de l'influence et du pouvoir. Et, n'étant plus initiés aux arcanes des sources de profit, ils seront, eux aussi, prolétarisés.

Le travail sera de plus en plus rare

Si on continue comme ça, la perspective d'une aggravation du chômage menace, en raison du progrès technique et de l'insuffisance de la formation.

D'ici à 2030, 60 % des emplois verront au minimum 30 % de leurs activités robotisées ou accompagnées par une intelligence artificielle. 800 millions de personnes seraient amenées à chercher un nouvel emploi, dont 300 millions de personnes devraient apprendre de nouvelles compétences. La moitié des tâches aujourd'hui exécutées par des humains le seront bientôt par des machines, ce qui pourrait entraîner la disparition des emplois occupés par le tiers de la population de la planète, en particulier parmi les moins formés, sans qu'ils soient remplacés par de nouveaux métiers en nombre équivalent.

À terme, les voitures autonomes pourront remplacer les chauffeurs de taxi, de bus et de camion. De même dans la logistique, le commerce, l'éducation, la santé, très peu de métiers seront épargnés. Des robots seront aussi utilisés pour lutter contre la solitude et participeront au pouvoir politique.

Plus généralement, le progrès technique continuera à organiser une lente et implacable traduction des êtres humains en artefacts, d'abord bourrés de prothèses, puis surveillés par des intelligences artificielles, comme s'ils étaient eux-mêmes des artefacts ; et lentement, le devenant. La génétique accompagnera cette évolution en permettant, sous des prétextes thérapeutiques, de fabriquer des chimères et de remettre en cause l'identité même de l'espèce humaine.

Au nom de l'allongement de l'espérance de vie, on fera sauter la frontière entre l'homme et les machines, entre l'esprit humain et l'intelligence artificielle.

Le niveau de vie des retraités baissera

Les premières victimes, à très court terme, de la situation démographique et économique qui s'annonce devraient être les retraités : la concomitance d'un plus bas taux de natalité et d'une plus longue espérance de vie rendra en effet très difficile le financement des retraites actuelles. En particulier dans les pays émergents : alors que la France a eu presque cent cinquante ans pour s'adapter à l'augmentation de la proportion des plus de 60 ans (qui est passée de 10 % à plus de 20 %), la Chine et l'Inde n'auront eu qu'une vingtaine d'années.

D'ici à 2020, le nombre de personnes âgées de plus de 60 ans dans le monde va dépasser celui des enfants de moins de 5 ans. Ce nombre devrait doubler d'ici à 2050 et tripler d'ici à 2100 passant à 2,1 milliards en 2050 et 3,1 milliards en 2100. Tous les continents, sauf l'Afrique, auront alors plus d'un quart de leur population âgée de 60 ans et plus.

En 2050, un tiers des Chinois aura plus de 60 ans ; 30 % des habitants d'Amérique latine auront plus de 65 ans. D'ici à 2050, le nombre des personnes de 60 ans et plus quadruplera en Afrique.

En conséquence, de moins en moins d'actifs devront financer le revenu des retraités de plus en plus nombreux et vivant de plus en plus longtemps : le taux de dépendance démographique (rapport entre la population de plus de 65 ans et la population de 15 à 64 ans, c'est-à-dire en âge de travailler) va passer en Europe de 30 % en 2016 à 51 % en 2070.

Aux États-Unis, où on épargne de moins en moins (en 2016, le taux d'épargne représente 15,8 % des revenus des Français contre 5,2 % aux États Unis et 24 % au niveau mondial), les retraites sont surtout financées par le placement de l'épargne personnelle de chacun. Or celle-ci rapporte de moins en moins en raison de la baisse des taux d'intérêt : tandis que les fonds de pension s'appuyaient sur un rendement de 8 % dans les années 1980, la réalité semble plus proche aujourd'hui de 5 %. Les fonds de pension ne gagnent donc pas plus des trois quarts des retraites qu'ils versent, ce qui ajoute chaque année un déficit de 120 milliards de dollars aux systèmes de retraites, qui ont déjà plus de 4 000 milliards de dollars de dettes. Et même si l'épargne finançant les retraites mobilise, en fonds investis, plus de 120 % du PIB américain, 24 % des Américains n'ont pas d'autres sources de retraite que celles fournies par les États ; et la situation ne fera que s'aggraver : en 2035, 20 millions d'Américains à la retraite seront en situation de pauvreté.

La situation sera pire en Chine, où les fonds épargnés pour financer les retraites mobilisent seulement 14 % du PIB en 2015. Pour maintenir le niveau actuellement versé, très faible, les dépenses publiques de retraite devraient y passer de 2,7 % du PIB à 10 % en 2030. En Inde, sur 110 millions de personnes de plus de 60 ans, seules 20 millions touchent une retraite liée à leur ancienne profession et les autres ne reçoivent rien.

La situation n'est pas meilleure en Afrique : moins de 10 % des Africains âgés touchent une pension de retraite. Ils seront encore moins nombreux, au moins en pourcentage, à l'avenir. En Afrique subsaharienne, environ 5 % des actifs contribuent à un régime de retraite contre environ 30 % en Afrique du Nord.

Enfin, plus la population vieillit, plus les taux d'épargne baissent et plus la consommation évolue vers les services, dont la santé, ce qui diminue la croissance, car la productivité des services est moindre que celle de l'industrie. En conséquence, le vieillissement de la population pèsera sur la croissance et donc sur les richesses disponibles pour financer les retraites ; ce qui aggravera encore leur évolution.

On ira vers une stagnation séculaire

Selon certains, le progrès technique ne fait que supprimer des emplois et faire baisser les prix des objets existants, sans créer une demande nouvelle pour des produits réellement nouveaux. Donc il n'y a pas de croissance réelle à attendre. De plus, la croissance du PIB ne signifie plus rien car la comptabilité n'a plus de sens, en raison du développement d'activités immatérielles gratuites (tels les réseaux sociaux), occupant une part croissante du temps des gens sans être prises en compte dans la mesure de la valeur produite.

Enfin, la globalisation organise une féroce concurrence sur les prix et les salaires, conduisant à une baisse de la consommation privée et de la dépense publique, ce qui ne peut que diminuer à terme la demande globale et conduire à une surproduction et à du chômage. Tout se passe en fin de compte comme si le citoyen-consommateur l'emportait sur l'épargnant-travailleur.

On assistera alors, selon cette prédiction, à la poursuite de la baisse du niveau de vie des plus pauvres et des classes moyennes, et à la croissance de la fortune des plus riches.

Les pénuries deviendront insupportables

D'abord pour l'eau. Si les modes de production et de consommation actuels continuent à ce rythme, et à moins d'innovations de rupture les deux tiers de la population mondiale seront confrontés à des pénuries d'eau en 2025. En 2025, 2,5 milliards de personnes seront en situation de stress hydrique contre 1,9 milliard aujourd'hui ; elles seront plus de 5 milliards en 2050.

Les besoins mondiaux en eau devraient atteindre 5 500 à 6 000 de km^3 par an en 2050, soit une augmentation de 20 à 30 % comparé à 2010. En particulier, les besoins de l'agriculture (70 % de la consommation mondiale) vont augmenter de 60 % d'ici à 2025 et ceux destinés à la production énergétique de 80 % ; les besoins domestiques (10 % de la consommation mondiale) vont augmenter dans toutes les régions du monde et même, dans certaines régions, tripler d'ici à 2050.

En conséquence, la production agricole pourrait encore baisser, à cause du réchauffement climatique, de la pollution de l'air et de la dégradation des sols. En Amazonie, le pire scénario annonce des rendements en soja réduits de 44 % d'ici à 2050. Au total, d'ici à 2050, les rendements agricoles mondiaux pourraient baisser de 2 % par décennie, alors que la demande mondiale augmentera de 14 %.

Le réchauffement climatique pourrait aussi réduire le contenu en protéines de nombreux aliments, dont le riz, le blé, l'orge et les pommes de terre. En conséquence, à l'horizon 2050, 150 millions de personnes supplémentaires risquent de souffrir de carence en protéines.

À partir de 2020, en raison de la baisse des investissements depuis 2015, les réserves de pétrole pourraient tomber au niveau le plus bas jamais atteint.

Les raretés se feront aussi sentir dans d'autres matières premières. Si d'autres mines ne sont pas découvertes et que la dépendance vis-à-vis de la Chine n'est pas diminuée, une crise de l'offre de graphite, palladium, platine, rhodium – essentiels en particulier pour les batteries – se fera aussi sentir dès 2020. Il pourrait manquer 11 millions de tonnes de cuivre en 2035, si de nouveaux grands gisements ne sont pas découverts. Au rythme actuel de croissance de son usage, on manquera aussi de cobalt vers 2030. D'autres matières premières pourraient également faire défaut : charbon à coke, hélium, indium, magnésium, caoutchouc naturel, phosphate, graphite naturel, phosphore, manganèse, nickel, graphite naturel et terres rares (lanthanides, cérium, praséodyme, néodyme…).

Pour répondre aux besoins accrus de terres rares, il faudrait ouvrir une nouvelle mine chaque année d'ici à 2025. C'est peu vraisemblable. Des gisements de terres rares situés dans une vaste zone de 2 500 km^2 près de l'île de Minamitorishima, à environ 2 000 km au sud-est de Tokyo (qui pourraient contenir plus de 16 millions de tonnes de ces minéraux précieux), seront difficiles à exploiter en raison d'immenses problèmes écologiques.

Les besoins en infrastructures seront de plus en plus énormes

Face à cela, il faudrait ne plus consacrer l'essentiel des ressources à la consommation, mais se préoccuper des générations futures et investir dans les infrastructures pour entretenir celles qui existent et en créer de nouvelles.

Les besoins d'investissements nombreux dans les transports, l'énergie ou l'eau sont de l'ordre de 8 000 milliards de dollars par an, jusqu'en 2030. Montant qu'il faudrait augmenter de 10 % si ces investissements étaient dirigés vers des infrastructures respectueuses du climat. Or les financements pour cela sont considérés comme de moins en moins prioritaires : entretenir, réparer ou construire un pont, un viaduc, un réseau d'eau, des équipements d'économies d'énergie ou d'énergie sans carbone est beaucoup moins rentable que d'investir à court terme dans la finance ou dans des entreprises technologiques à la rentabilité réelle pourtant plus ou moins imaginaire.

On consacre l'essentiel des ressources au présent, en oubliant que l'avenir commence aujourd'hui.

Le climat se déréglera bien plus encore

Si rien n'est fait, en 2050, la température aura augmenté de plus de 2 °C par rapport à 1850. On peut s'attendre alors à 250 millions de réfugiés climatiques. Au total, les migrants internationaux pourraient dépasser les 400 millions. Ils seront plus des migrants Sud-Nord que Nord-Nord, Sud-Sud ou Nord-Sud.

En 2100, selon le scénario le moins pessimiste, la température moyenne aura été stabilisée à un niveau de 2 °C supérieur à celle d'aujourd'hui ; la banquise arctique aura disparu, tout comme 85 % des glaciers, conduisant à une hausse du niveau des mers supérieure à un mètre. Une personne sur dix dans le monde sera directement affectée.

Et selon le scénario le plus pessimiste du GIEC (Groupe d'experts intergouvernemental sur l'évolution du climat), la température moyenne de la planète aura augmenté de 5,5 °C. Là, on ne peut plus rien prévoir.

La nature sera de plus en plus polluée

Si on ne fait rien, dès 2025, il y aura dans les océans une tonne de déchets pour trois tonnes de poissons ; contre une pour cinq aujourd'hui. En 2050, au rythme actuel, il y aura plus de plastique que de poissons dans la mer. D'ici à 2050, 30 % des 600 espèces de poissons et crustacés sont en passe de s'éteindre. 25 à 50 % des espèces vivantes auront disparu.

Et, dans cinquante ans peut-être, l'action de l'homme aura recréé les conditions d'une extinction de masse pouvant entraîner la disparition de 90 % des espèces, apparues, pour certaines, il y a plus de 250 millions d'années.

Le monde sera de plus en plus dans un chaos politique

Le désordre climatique, la concentration des richesses et des pouvoirs, la montée des pénuries ne pourront qu'exacerber la situation politique mondiale.

En particulier, la surexploitation des ressources et la répartition de plus en plus inégale des richesses pourraient provoquer un effondrement de l'empire occidental, comme ils ont provoqué celui des empires romain, mésopotamien, gupta, parmi d'autres.

Personne ne remplacera les États-Unis comme puissance mondiale dominante. La Chine ne sera pas, en tout cas avant longtemps, en situation de prendre le relais des États-Unis : son retard est trop énorme. Sa population active commence à décliner et elle vieillit avant d'être devenue riche. Et les problèmes écologiques vont la toucher de plein fouet. De plus, il n'est pas certain que la Chine veuille jamais devenir une superpuissance influençant l'ordre du monde.

Dans ce contexte, les conflits entre puissances rivales vont se multiplier. Pour le grand bien des autres pays, libres de tout contrôle. On ira vers une économie de marché globale sans État de droit, qui conduira à l'aggravation de la concentration des richesses, à un sous-emploi des hommes, à un environnement de plus en plus négligé, au pillage de toutes les matières premières, provoquant une exacerbation des désordres sociaux, idéologiques, politiques, géopolitiques et climatiques. Un emballement global.

Les huit crises possibles

Au total, tout cela conduira à un ensemble de crises, de huit catégories différentes : financière et économique à court terme, sociale, politique et géopolitique à moyen terme, technologique, écologique et idéologique à plus long terme. Ces huit crises, dont les paramètres s'entremêlent, se définissent ainsi :

- Financière : quand le système financier, trop endetté, perd la confiance de ceux qui y ont investi.
- Économique : quand l'économie s'effondre, faute d'une demande suffisante.
- Sociale : quand le chômage explose et les inégalités s'accumulent, rendant les élites illégitimes, et le mérite n'est plus un facteur de réussite.
- Politique : quand le système politique est contesté parce qu'il n'a pas su gérer les crises précédentes.
- Géopolitique : quand basculent les rapports de force entre nations.
- Technologique : quand l'homme est dépassé par des technologies qui peuvent lui nuire.
- Écologique : quand surgit une pénurie majeure, ou un dérèglement systémique de l'environnement, provoqués par les dérèglements précédents.
- Idéologique : quand les valeurs sur lesquelles sont fondées les sociétés sont mises en cause.

Toutes ces crises, quelle qu'en soit la nature, trouvent leur source dans une cause unique : la priorité donnée aux bénéfices de court terme sur les enjeux du long terme, aux flux sur les stocks, au plaisir immédiat sur la constitution de patrimoines.

En général, ces huit crises s'enchaînent les unes avec les autres, dans cet ordre. Elles s'arrêtent parfois au premier ou au deuxième niveau. Parfois une crise politique ou écologique peut surgir indépendamment de toute crise financière ou économique.

Pire encore, et c'est le cas aujourd'hui : résoudre une de ces crises peut en aggraver une autre. Par exemple, pour réduire la dette ou le chômage, il faudrait augmenter la croissance du PIB, ce qui aggraverait la crise écologique. Alors que résoudre la crise écologique par la décroissance aggraverait la crise financière, la crise économique et la crise politique. De même, une transition trop rapide vers une économie non polluante risquerait de mettre en danger la stabilité financière mondiale et un passage trop lent risquerait, au contraire, de faire dépasser des seuils écologiques irréversibles.

Alors, pour éviter d'avoir à affronter ces défis de moins en moins solubles, les hommes font comme d'habitude : ils se distraient et ils mettent en place d'innombrables manœuvres de retardement, espérant que quelqu'un d'autre, ou un miracle, viendra régler à leur place les problèmes qu'ils ont créés, et évitera que la planète devienne un enfer pour les prochaines générations.

CHAPITRE 4

Partout, des manœuvres de retardement

Au lieu d'affronter ces problèmes et de tenter de les résoudre, les gens (c'est-à-dire chacun de nous), les entreprises, les gouvernements, surtout dans les démocraties, appliquent le principe bien connu de la procrastination selon lequel il n'est pas de problème qu'une absence de solution ne finisse par résoudre. Et qu'une bonne distraction ne permette d'oublier. Ils cherchent tous les moyens possibles pour retarder toutes les échéances ; d'abord des moyens économiques, finançant par l'emprunt une croissance artificielle, négligeant ses conséquences sur l'environnement, espérant que, une fois de plus, un sauveur viendra résoudre tous les problèmes sans qu'on ait à s'en occuper.

Et si, une fois de plus, il ne venait pas ? Et si, une fois de plus, cela n'annonçait que le pire ? Et si, une fois de plus, on avait construit la puissance d'une civilisation sur du sable ?

Alors, tout ce qui pouvait sembler plus haut comme des bonnes nouvelles apparaît sous un jour nouveau, trompeur et dangereux, car financé à crédit, par les générations à venir, à qui nous empruntons, sans intention de le rendre jamais, de l'argent et des matières premières, et dont nous détruisons l'environnement.

Le monde est noyé sous l'argent des banques centrales

Partout, et surtout dans les démocraties, malgré tous les discours orthodoxes des banquiers centraux et du FMI, les banques centrales, supposées indépendantes, créent de la monnaie, qu'elles prêtent aux banques qui la reprêtent aux gouvernements, espérant ainsi donner du temps aux dirigeants pour qu'ils mettent en œuvre les réformes nécessaires. De fait, tout au contraire, disposant d'une telle manne inconditionnelle et gratuite, plus aucun homme politique n'est incité à réformer ; et les problèmes ne font qu'empirer. On grossit les flux, au détriment des stocks ; on augmente les revenus, en détruisant des patrimoines. Les gouvernements, les entreprises, les gens s'endettent bien au-delà du raisonnable en espérant que la croissance revenue avalera leurs dettes ; et les initiés en profitent, au passage, pour s'enrichir au préjudice des générations futures.

Cette politique a été pratiquée à partir de 1998 par la Banque centrale du Japon afin de contrer une spirale déflationniste qui semblait mortelle. Par la suite, la FED en a fait autant et a alourdi son bilan de 3 500 milliards de dollars dès 2009. Puis, la BCE est entrée dans le jeu et a racheté pour 2 500 milliards d'euros de titres depuis 2015.

En conséquence, jamais, à aucune période historique connue, autant de monnaie n'a circulé dans le monde. Dans la zone majeure de l'économie mondiale (États-Unis, zone euro, Japon, Chine, Royaume-Uni et Canada), la masse monétaire est passée de 64 % du PIB en 1980 à 125 % en 2016 ! Aux seuls États-Unis, la quantité de monnaie disponible est passée de 69 % du PIB en 1980 à 90 % en 2016.

Cela a permis partout de nourrir une croissance artficielle et de financer les importations, sans se soucier de leur financement. En Europe en particulier, ces apports de crédit ont permis des importations massives de certains pays de l'Union en venant d'autres, sans que rien ne les pousse jamais à rembourser ces emprunts.

Jusque-là, cette politique semble un succès : contrairement à ce qu'enseigne la théorie économique classique, cette création illimitée de monnaie n'a pas déclenché d'inflation. Une preuve de plus en tout cas que les lois classiques de l'économie n'ont plus de sens, parce qu'elles ont été conçues pour des économies fermées, ou entrouvertes, respectant un État de droit, alors qu'on a maintenant un marché planétaire n'obéissant pratiquement à aucune autre règle que celle de la concurrence.

La dette publique continue d'augmenter

En utilisant ces émissions monétaires, les gouvernements s'endettent dans des proportions folles.

Le Japon bat tous les records avec une dette publique représentant 250 % du PIB ; et comme cette dette est détenue pour l'essentiel par les Japonais, qui ne semblent pas s'en inquiéter, et qu'elle ne verse pratiquement aucun intérêt, elle grossit sans cesse sans inquiéter personne.

La dette publique américaine a atteint 108 % du PIB à la fin de l'année 2017 et elle va encore beaucoup augmenter avec la réforme fiscale qui va faire baisser les recettes de l'État de 1 500 milliards de dollars sur les dix prochaines années, et augmenter les dépenses publiques de 300 milliards de dollars sur les deux prochaines années. Cette dette est encore, pour l'essentiel, financée par la FED et par la Chine qui possède plus d'un trillion de dollars de bons du Trésor américain.

La Chine s'endette, elle aussi, de plus en plus : son endettement total est passé de 71 % du PIB en 2007 à 295 % en 2018.

En Europe, la situation n'est pas meilleure : la dette publique représente 87 % du PIB de la zone euro. Le ratio dette publique/PIB est de 184 % en Grèce ; 157 % en Italie ; 79 % en Allemagne ; 120 % en France en 2015. En 2017, la dette italienne, détenue aux deux tiers par des Italiens, représentait déjà 132 % du PIB ; et, bien que les intérêts soient très bas, la charge des intérêts de la dette y représentait 3,8 % du PIB contre une moyenne de la zone euro à 2 %. Seule, pour le moment, l'Allemagne est sur une trajectoire durable de réduction de sa dette, avec l'Estonie, qui a choisi de baisser drastiquement les salaires de ses fonctionnaires et dont la dette dépasse désormais à peine les 10 % du PIB.

L'endettement des trente-six plus importants pays en développement atteint 211 % du PIB : plus grave encore, à la différence des pays développés, qui peuvent emprunter à bas taux à leurs banques commerciales, les États du Sud s'endettent de plus en plus auprès de prêteurs étrangers, à des taux de plus en plus élevés, et le service de leur dette atteint 20 % de leurs recettes fiscales. 40 % des pays d'Afrique subsaharienne sont confrontés à un risque élevé de défaut sur leurs dettes publiques contre 20 % cinq ans auparavant. C'est le cas en particulier du Tchad, du Soudan, de la République démocratique du Congo et du Mozambique. Et encore ces chiffres sont-ils très incomplets : on ne tient pas compte des engagements de retraites des États, qui doivent payer celles de leurs fonctionnaires, ni ceux des collectivités territoriales, dont l'État est en général garant, et dont les montants sont mal connus et généralement vertigineux. Et encore ne tient-on pas ici compte des engagements de retraite de ces pays ni des dettes des collectivités territoriales.

Pour certains analystes, ces dettes publiques sont sans importance, parce que les taux d'intérêt sont encore très bas ; pour eux, il faudrait ne comparer la dette publique qu'aux actifs du pays, qui pourraient, ultimement, servir à la rembourser. Pour d'autres, la dette publique doit être mise en regard des recettes fiscales, car c'est avec elles qu'elle est remboursée, comme un particulier rembourse ses emprunts avec ses revenus. Or la dette publique atteint dans certains pays sept fois le montant des recettes fiscales : aucun particulier ne se risquerait à avoir des emprunts sept fois supérieurs à ses revenus annuels.

Pour d'autres, le seul ratio pertinent, c'est la part du service de la dette dans le budget de l'État. Pour d'autres encore, il faut tenir compte d'autres critères : le surplus primaire (le solde budgétaire avant le service de la dette), l'état des actifs, la capacité à emprunter dans sa propre monnaie, l'aptitude du gouvernement à lever encore l'impôt et à faire des économies.

Et plus encore son usage : si l'emprunt sert à financer des investissements pour l'avenir, dans les ponts, les routes, les économies d'énergie, l'éducation des plus défavorisés, la réduction de la consommation d'eau et de matières premières, et de l'émission de gaz à effet de serre, il peut être sain. S'il sert, comme c'est le cas aujourd'hui pour l'essentiel, à financer le bien-être des générations présentes, il annonce le pire.

Les ménages continuent aussi de vivre aux crochets de l'avenir

Les gouvernements ne sont pas les seuls à s'endetter. Pour les ménages aussi, l'endettement est un substitut à l'augmentation des revenus réels ; dans bien des pays, la situation est pire qu'avant la crise de 2007.

Dans les pays développés, la dette des ménages atteint 63 % du PIB en 2016, contre 52 % en 2008. Dans la zone euro, elle atteint 58 % du PIB. Au

Japon, le taux d'endettement des ménages atteint 57,4 % du PIB. La dette des ménages chinois représente 49 % du PIB nominal du pays en décembre 2017, contre 45 % l'année précédente.

L'endettement de 45 millions de jeunes Américains s'élevait en août 2018 à 1 600 milliards de dollars, soit 400 milliards de dollars de plus que les sommes titrisées avant la crise des subprimes. L'endettement pour l'achat de voitures aux États-Unis atteint 1 200 milliards de dollars.

La distraction nourrit l'inaction

Une autre façon, pour les ménages, de ne pas voir en face les problèmes, c'est de se distraire. Ce n'est pas un hasard si c'est toujours pendant les crises que l'économie de la distraction prospère. C'est même toujours dans ces moments qu'on invente de nouvelles formes d'art.

Pour en rester à une période récente, c'est pendant la crise de 1929 que s'est développée la comédie musicale.

Et aujourd'hui on ne cesse d'inventer des moyens de ne pas penser, de ne pas réfléchir, ni aux enjeux du monde, ni même à sa beauté.

Ainsi a-t-on inventé dans les dernières décennies les jeux vidéo, les réseaux sociaux, la réalité virtuelle, des activités qui occupent désormais plus du tiers de la vie des hommes, avec une industrie de plus en plus puissante, dont la fonction majeure est de distraire, de divertir, de légitimer la résignation, de justifier la procrastination, de faire aimer le non-agir.

Même si ces jeux sont parfois le prétexte à des véritables œuvres d'art, ils sont pour l'essentiel des façons d'occuper le temps hors du savoir et de la culture. Les chiffres sont impressionnants. En 2018, les jeux vidéo ont dépassé le cinéma et sont en passe de dépasser le livre pour devenir la première industrie culturelle. Si tant est qu'on puisse la considérer comme telle. Il ne faut pas compter son impact seulement en chiffre d'affaires mais aussi en temps, et ces jeux vidéo occupent un temps sans cesse croissant.

Les réseaux sociaux deviennent une forme supplémentaire de distraction qui occupe aussi un temps croissant partout. À ce rythme, on consacre plus de cinq ans de sa vie aux réseaux sociaux contre trois ans à cuisiner et à se nourrir. Le temps passé sur les réseaux sociaux équivaut à la lecture de deux cents livres par an.

Le nombre d'utilisateurs des réseaux sociaux dépasse les 3,2 milliards dans le monde. En janvier 2018, l'humanité a passé un milliard d'années sur Internet dont 365 millions sur les réseaux sociaux. Au temps perdu, au temps gaspillé, s'ajoute l'incalculable impact des dérèglements psychiques qui en résultent.

Les entreprises s'endettent au-delà du raisonnable

Bien des firmes, aux États-Unis, en Europe, en Chine, et dans beaucoup d'autres pays, et dans de très nombreux secteurs, sont aujourd'hui surendettées et empruntent, pour rembourser leurs échéances, à des taux de plus en plus élevés ; elles sont donc à la merci du moindre incident de trésorerie.

L'endettement mondial des entreprises a quasiment triplé depuis 2007, atteignant 11 700 milliards de dollars. Même les prêts accordés aux entreprises déjà très endettées augmentent massivement : aux États-Unis, le pourcentage de nouveaux prêts émis par des entreprises à la solvabilité incertaine (classée B ou moins) est passé de 25 % en 2007 à 65 % en 2017. Le ratio d'endettement des entreprises non cotées s'élève à 5,8 fois leur EBITDA (le profit, au sens très large) aujourd'hui contre 5,2 en 2007, et la plupart des créditeurs imposent une limite de 6.

En Europe en particulier, les entreprises se financent aussi d'une façon de plus en plus risquée. En 2017, au Portugal, les entreprises enregistrent le plus haut taux d'endettement net, à 96 % des fonds propres, suivi par la Turquie (72 %), la France (72 %), l'Espagne (68 %) et la Grèce. Ces taux ne tiennent pas compte de l'endettement que reportent les retraites.

Et pourtant, malgré ces risques accrus, et soucieux de placer leurs ressources quasi gratuites, les prêteurs sont de moins en moins exigeants en termes de garantie. Le collatéral requis à un emprunteur par une banque est passé de 33 % de la valeur du prêt avant la crise de 2008 à 15 % aujourd'hui. De plus, d'autres acteurs que les banques, des fonds spécialement créés pour cela, rassemblent des capitaux venus de partout et octroient des prêts de plus en plus énormes à des entreprises incertaines en exigeant de moins en moins de garanties. Instable pyramide.

Au total, la dette mondiale de l'ensemble des emprunteurs, sans tenir compte des engagements de retraites, s'élève à 327 % du PIB mondial.

Les défis des problèmes technologiques sont négligés

On voit bien que les nouvelles technologies posent problème, et pourtant personne ne parle sérieusement de maîtriser l'intelligence artificielle, de contrôler la génomique, les neurosciences ou les nanotechnologies. On sait pourtant qu'il y a là, à l'horizon, d'innombrables menaces pour l'existence même de l'humanité. Rien n'est fait non plus de suffisamment sérieux pour utiliser les technologies à la résolution des grands enjeux de demain, pour économiser de l'énergie ou des matières premières, pour réduire les émissions de gaz à effet de serre ; personne n'envisage sérieusement de repenser l'industrie pour recycler les matières premières ou pour réduire massivement le coût de la désalinisation de l'eau de mer. Ou encore pour améliorer l'efficacité des systèmes éducatifs.

Les solutions des problèmes écologiques sont reportées

Malgré toutes les promesses, l'accord de Paris n'est appliqué ni par les États ni par les entreprises : un rapport de l'ONU publié en octobre 2017 montre que les engagements actuels des États représentent seulement un tiers des réductions d'émissions nécessaires ; la trajectoire actuelle des États qui se sont engagés est plus proche des 3 °C que de 2. Et après les États-Unis, l'Australie a décidé de se retirer de l'accord.

Le prix du carbone reste très bas, et aucun effort n'est fait pour le fixer à un prix crédible qui devrait dépasser 40 dollars la tonne. Rien n'est fait non plus pour lutter contre les émissions de méthane par les animaux, dont l'impact sur l'effet de serre est de 20 à 25 fois supérieur à celui du CO_2, et donc pour réduire la consommation de viande.

On n'est absolument pas préparé aux conséquences du réchauffement climatique : rien n'est fait pour lutter contre la dilatation des rails, ou le réchauffement des rivières supposées refroidir les centrales nucléaires. On ne cherche pas de substituts aux terres rares, sauf dans des cas très particuliers.

On ne gère pas non plus correctement les problèmes des déchets, ni dans les pays développés, ni dans les pays en développement. On ne fait rien de sérieux pour réduire la consommation de plastiques, ni leur élimination. Aucun effort majeur n'est mis en œuvre pour se préoccuper des enjeux de la mer. Rien n'est fait pour augmenter la taille des zones maritimes protégées.

Parallèlement, les appareils d'État et les instruments de mesure de l'emploi, de la croissance, du bien-être connaissent un réel discrédit. Les gens sentent bien que les États sont entre les mains de politiciens soucieux au mieux de leur réélection si ce sont des démocrates, ou au pire de leur survie au pouvoir. Ils comprennent que l'État n'a plus de moyens. Ils devinent que les statistiques sont trompeuses ; parce qu'elles empêchent de voir que nous détruisons des patrimoines immémoriaux au bénéfice de distractions passagères.

CHAPITRE 5

Le piège se referme

Tous ces expédients ne peuvent être éternels. Ils ne pourront plus très longtemps retarder le déclenchement des crises qui s'annoncent.

Viendra un moment, et le plus tôt serait sans doute le mieux, où les prêteurs prendront peur, où les taux d'intérêt augmenteront, où les matières premières et les emplois se feront plus rares, où les infrastructures mal entretenues s'effondreront, où les citoyens ne croiront pas plus à la démocratie de marché qu'aux dictatures obscures, où l'eau douce se fera rare et le climat invivable, où les nationalismes s'entrechoqueront, où les distractions ne suffiront plus, où les réseaux sociaux seront délaissés, où les conflits deviendront probables. Ce moment approche… Les signes en sont déjà là, qui laissent prévoir le déclenchement prochain de plusieurs des huit formes de crise, ou des huit à la fois, dans des interactions très complexes.

Les taux d'intérêt commencent à monter

Les banques centrales sont paralysées par leurs contradictions : elles ne peuvent laisser leurs taux trop bas, de peur d'encourager à l'endettement, ni les augmenter, de peur de conduire les emprunteurs à la faillite.

Et pourtant, les taux d'intérêt, dont le niveau très bas rendait les dettes indolores, commencent à remonter.

D'abord, parce que les banques centrales le souhaitent, timidement : ayant constaté qu'une dette à bon marché ne faisait qu'inciter les gouvernements, les ménages et les entreprises à s'endetter davantage, et non à se réformer, elles commencent à réduire leurs achats d'obligations et à augmenter avec beaucoup de prudence leurs taux de base : en 2018, les banques centrales n'achèteront que 40 % de l'émission globale de bons du Trésor et des emprunts émis par les entreprises auprès des banques dans les pays de l'OCDE. En particulier, la BCE a annoncé son intention d'interrompre son programme d'achats d'actifs d'ici à fin décembre 2018 « si les données confirment ses prévisions d'inflation à moyen terme ». De plus, certaines banques centrales, comme la FED, commencent aussi, plus directement, à remonter leurs taux à court terme, dont elles ont le contrôle.

Mais si les taux d'intérêt remontent, dans certains pays particulièrement endettés, si cette hausse n'est pas maîtrisée et s'accélère, le service des dettes publique et privée deviendra vite intolérable, déclenchant une crise financière.

La valeur des entreprises, cotées et non cotées commence à être mise en doute

Cet afflux massif d'argent créé par les émissions monétaires et les dettes a conduit, on l'a vu, beaucoup de financiers à chercher à placer leurs ressources non seulement en crédit, mais aussi en capital. En achetant des titres d'entreprises cotées et non cotées.

En conséquence, les cours de Bourse se sont envolés au-delà du raisonnable, et la valeur des entreprises cotées a augmenté d'une façon artificielle : la valorisation des actions cotées aux États-Unis est passée de 95 % du PIB en 2011 à plus de 155 % du PIB en mars 2018 ! Et cela ne correspond plus à la valeur réelle : aux États-Unis, le décalage entre la valorisation boursière et la valeur réelle des actifs, le « *price to book ratio* », est passé de 2 à 3,5 de 2012 à 2018.

Encore faudrait-il faire une distinction entre les entreprises technologiques qui continuent à produire de la valeur et celles des autres secteurs qui parfois s'effondrent déjà. De même, les financiers se sont précipités pour prendre des parts dans des entreprises non cotées dont le prix est devenu totalement irrationnel : la valeur moyenne d'achat d'entreprises non cotées aux États-Unis a aussi atteint 11 fois l'EBITDA en 2018 contre seulement 8,9 fois en 2007. Les entreprises américaines les plus prometteuses (dites « licornes ») seraient valorisées 51 % au-dessus de leur valeur réelle (selon une étude de la Stanford Business School).

Au surplus, pour attirer des investisseurs de plus en plus gourmands à leur capital, les entreprises non cotées leur garantissent des plus-values insensées. Par exemple, elles leur octroient des actions dites « préférentielles » qui leur garantissent une plus-value certaine en cas d'OPA ou même en cas de faillite de la firme.

En conséquence, il devient plus difficile pour les entreprises d'entrer en Bourse, puisque leur valeur non cotée est très supérieure à ce que les acheteurs en Bourse seraient prêts à payer pour leurs titres. Elles sont donc bloquées. Les investisseurs ont du mal à sortir et à réaliser leurs plus-values.

Cette valeur très élevée des entreprises commence à être mise en doute : si cela continue, des firmes trop endettées devront vendre à perte certains de leurs actifs ; des firmes non cotées ne pourront entrer en Bourse ; des cours de Bourse s'effondreront.

Mais, là encore, la contradiction est totale : étant excessivement valorisées, les entreprises non cotées ne peuvent plus avoir accès à la Bourse et continuent de se financer en privé, ce qui fait encore augmenter artificiellement leurs valorisations.

Quelques signes annonciateurs

Plusieurs entreprises cotées dans l'économie de la distraction ont déjà perdu une part importante de leur valeur, parce que les marchés se rendent compte que leurs promesses sont intenables et leurs cours surestimés. C'est le cas de Facebook, qui, un jour de juillet 2018, a perdu 20 % de sa valeur, parce que les investisseurs avaient commencé à comprendre l'extraordinaire fragilité de cette firme qui a perdu près d'un million d'utilisateurs en Europe après la mise en place du nouveau règlement européen sur la protection des données. Signe que cette entreprise emblématique des réseaux sociaux et donc de la distraction est particulièrement menacée.

Plusieurs entreprises surendettées doivent vendre des actifs dans ce même secteur ; ainsi un des plus grands clubs européens de football, le Milan AC, dont la valeur est estimée aujourd'hui à plus de 500 millions d'euros, est passé sous contrôle d'un fonds d'investissement américain, Elliot Management, parce que son propriétaire chinois, Li Yong Hong, qui l'avait racheté l'an dernier à Silvio Berlusconi, ne pouvait honorer les échéances de ses emprunts. Symbole : des entreprises américaines et chinoises, venues de pays qui ne jouent pratiquement pas au football, se disputent ainsi la propriété d'un des plus grands clubs européens, comme un signe, particulièrement clair, de la mainmise à venir, par des firmes de ces deux pays, sur les principales entreprises de distraction de l'Union européenne.

Bien des entreprises cotées, de secteurs moins à la mode, ont commencé à décliner, comme le commerce, l'énergie, l'immobilier, les infrastructures. Plusieurs entreprises non cotées, de peur de ne pas y être valorisées comme elles l'espéraient, retardent leur entrée en Bourse. C'est le cas de Uber, de Airbnb, de Space X ou de l'Indien Flip kart. Aux États-Unis, en 2017, seulement 179 firmes sont entrées en Bourse, contre une moyenne de 300 par an de 1980 à 2000.

Les premiers signes du retour du nationalisme économique

Dans le passé, le protectionnisme a souvent été un signe annonciateur d'une crise à venir, économique et politique. Cela recommence aujourd'hui.

Après une longue période d'ouverture, d'augmentation des échanges, de réduction des barrières douanières et non douanières, les pays en déficit commercial recommencent à se fermer. Les États-Unis mettent en place des barrières tarifaires, en particulier face à la Chine, dont ils importent pour 600 milliards de marchandises et où ils n'exportent que pour 130 milliards de dollars. La Chine, qui ne peut riposter avec des tarifs sur un montant équivalent d'importations, a d'abord cherché à éviter de surenchérir, puis commence à le faire, par la monnaie et les réglementations.

Les États-Unis utilisent aussi le protectionnisme pour des raisons purement politiques : croyant, à tort, que c'est l'embargo américain qui a mis à genoux l'URSS et l'a fait s'effondrer (alors que c'est la politique libérale de Gorbatchev qui a déclenché la fin de l'Empire soviétique), ils emploient la même technique face à tous leurs adversaires, quelle que soit l'importance de l'enjeu. Ainsi se sont-ils lancés dans des embargos contre l'Iran, la Corée du Nord, le Venezuela, et peut-être bien d'autres. Les conséquences ne peuvent que donner lieu à un durcissement de ces régimes et renforcer le soutien renouvelé de leurs peuples.

D'autres pays prennent le même chemin : l'Argentine, le Brésil, l'Inde deviennent très protectionnistes avec des taux de droits de douane supérieurs à 13 %.

Dans un premier temps, le protectionnisme améliore la balance des paiements et l'emploi dans le pays qui le pratique. Puis il conduit à une augmentation des prix et à une surproduction. Puis au choc des nationalismes.

Le protectionnisme économique s'inscrit dans une idéologie de l'égoïsme, où chacun croit se protéger des crises en s'enfermant, pensant que les crises sont la faute des autres. Comme chacun en fait autant en représailles, cela multiplie les sources d'affrontements. Cette fermeture conduit à se fermer non seulement aux produits mais aussi aux capitaux, aux idées, aux œuvres artistiques et aux gens venant d'ailleurs.

Les premiers signes d'une crise écologique majeure

On pourrait citer d'innombrables exemples annonciateurs de cette crise, dans les douze derniers mois : la multiplication des ouragans et des incendies de forêts, la hausse des températures, la croissance du nombre d'épisodes de sécheresse, les inondations, les pénuries d'eau douce ; en 2018, à la suite d'une sécheresse exceptionnelle, la ville du Cap, en Afrique du Sud, a été proche du « jour zéro » où l'eau devait être coupée aux robinets. En 2018, « la saison des feux » commence plus tôt et se termine plus tard ; le feu a causé la perte d'environ 30 000 hectares de forêts en Suède ; de 4 millions d'acres (1 618 742 ha) en Arizona, au Colorado, en Idaho et en Oregon, soit environ 10 % de plus que la moyenne annuelle. Les incendies de Mendocino ont brûlé 114 850 hectares, soit la superficie de Paris et de la petite couronne réunis. Des incendies ont aussi touché la Grèce, faisant au moins 93 morts ; le Portugal, avec 27 000 hectares brûlés ; en Colombie-Britannique, environ 566 incendies ont touché les forêts en août 2018, polluant l'air de particules fines, appelées PM2,5, qui peuvent provoquer pneumonies, cancers du poumon et accidents vasculaires cérébraux et relâchant dans l'atmosphère une partie du carbone, participant ainsi au réchauffement climatique, devenant cause et conséquence à la fois. Cette même année 2018, des centrales nucléaires ont dû être arrêtées en France parce que les rivières dont l'eau était supposée les rafraîchir n'étaient plus assez froides. Et c'est aussi l'année où la date à laquelle l'humanité a consommé tout ce qu'elle peut sans emprunter aux générations futures est arrivée le plus tôt dans l'histoire humaine.

Face à ces enjeux, d'autres idéologies commencent à s'exprimer

Devant ces problèmes non résolus, devant ces tsunamis qui menacent, bien des doctrines surgissent. Elles ne proposent pas, pour l'instant, un autre mode de gestion de l'économie : depuis la faillite du socialisme et du communisme, le marché semble encore irremplaçable.

Souvent tournées vers la défense d'identités anciennes menacées, nourries de protectionnisme et de nationalisme, elles font l'apologie des identités et des racines, ressenties comme des valeurs stables dans un monde précaire.

On voit d'abord fleurir des doctrines simplistes : « mon pays d'abord » ou « mon pays seul ». Ou encore « c'était mieux avant » ou « c'est mieux ailleurs », ou « c'est mieux autrement ». Ces opposants se regroupent en trois forces.

La première rassemble tous les tenants des droites nationalistes et xénophobes ; partisans d'un gouvernement fort, hostiles aux minorités et aux plus faibles, volontiers proches des milieux les plus menacés par la modernité et s'appuyant sur des mouvements régionalistes.

La deuxième rassemble tous les tenants des gauches les plus radicales, hostiles au capitalisme, aux élites financières, aux technocrates supposés à leur service, à la ploutocratie, à la dictature des marchés, s'appuyant sur des mouvements des droits de l'homme et écologistes.

Une troisième rassemble les tenants des pouvoirs religieux, pour qui rien ne vaut si cela ne s'inscrit pas dans les règles qu'on peut tirer de la Torah, des Évangiles ou du Coran, ou de tout autre corpus théologique dont il faudrait suivre les prescriptions à la lettre.

Pour les premiers, l'identité est dans la terre. Pour les deuxièmes, elle est dans la nature. Pour les troisièmes, elle est dans la foi.

Si ces trois forces s'opposent sur les sujets essentiels (telle l'attitude à l'égard de l'argent, de la démocratie, de la religion et du capitalisme, des migrants, de l'écologie, de la mondialisation et de la xénophobie), elles se réunissent dans la méfiance à l'égard des classes dirigeantes, du neuf, du mouvement.

Les unes et les autres s'appuient sur les réseaux sociaux qu'elles utilisent, le plus souvent à l'abri de l'anonymat, pour insulter, agresser, calomnier, moquer, injurier, menacer, tous ceux qui, de près ou de loin, ont encore la moindre once de pouvoir, de célébrité ou d'influence.

Parfois, ces trois forces s'allient contre ceux qui gouvernent. Aux États-Unis, on les a trouvées en fin de campagne, à l'appui de Trump, contre l'establishment que représentait Hillary Clinton. En Grande-Bretagne, elles se sont alliées pour former la coalition qui l'a emporté dans le référendum sur le Brexit. En Italie, leur alliance a permis l'accession au pouvoir d'une coalition contre-nature entre la Ligue et Cinq Étoiles. On trouve un même cheminement en Autriche, en Hongrie, en Pologne.

Et demain ? Ces trois forces continueront-elles à s'opposer ? Ou s'uniront-elles de plus en plus ouvertement ? De fait, si elles sentent qu'elles peuvent en finir ensemble avec ce que chacune d'elles nomme indistinctement « le système », elles s'uniront, espérant, en leur for intérieur, que l'autre ne soit, pour eux, que des « idiots utiles ».

L'expérience prouve que les « idiots utiles » sont en général à gauche et les vrais vainqueurs en général à droite. Dans tous les cas, les vrais vaincus, ce sont les régimes démocratiques.

Elles proposeront toutes des solutions radicales, au service, disent-elles, du long terme que le marché et la démocratie auraient négligé. Elles s'efforceront de les mettre en œuvre là où elles pourront prendre le pouvoir, par les urnes ou par la force.

Parce que, au fond, ce qu'ont vraiment en commun ces forces, ce n'est pas seulement une haine à l'égard des classes dirigeantes actuelles, mais le mépris, ou la désillusion, à l'égard de la démocratie et de ce qu'elle implique : le compromis, la demi-mesure, la nuance, la tolérance du point de vue des autres et la réversibilité du pouvoir.

On assisterait alors, face aux crises qui menacent, et avant même qu'elles ne se déclenchent vraiment, à la mise en place de gouvernements plus ou moins totalitaires, laïcs ou religieux, d'extrême gauche ou d'extrême droite, qui prendraient en main les enjeux précédents, dont les démocraties, expliqueront-ils, n'ont su se saisir, et prétendraient agir dans l'intérêt des peuples à long terme.

Ces gouvernements n'éviteront évidemment pas les crises qui menacent ici : ce n'est pas en se cloîtrant, ni en désignant des boucs émissaires, ni en priant telle ou telle forme de la Providence, qu'on résoudra des problèmes immenses dont la plupart des enjeux sont matériels et planétaires. Et ces nouveaux pouvoirs ne feraient que participer, d'une façon particulièrement brutale, aux manœuvres de retardement qui font grossir les problèmes jusqu'à les rendre explosifs.

Pour éviter de subir un tel sort, bien des gouvernements démocratiques croiront que la meilleure stratégie serait d'appliquer eux-mêmes les prescriptions de l'un ou l'autre de leurs ennemis. Ainsi voit-on déjà des gouvernements respectables fermer leurs frontières aux gens, aux idées, et même aux marchandises. Et quelques gouvernements élus démocratiquement prendre le ton et le vocabulaire de dictateurs au petit pied.

Rien n'est plus suicidaire pour un démocrate que de reprendre les idées ou les pratiques d'un ennemi de la démocratie. On y perd son âme. De plus, si tous, même les plus raisonnables, se mettent à s'enfermer, et à employer les stratégies du « chacun pour soi », en réponse à celles des autres, alors toutes les crises, les huit crises identifiées ici, deviendront inévitables. Comme elles le furent à plusieurs reprises dans le passé. Pour le pire.

Pour l'instant, ces premiers signes n'ont pas suffi à cristalliser le déclenchement d'une crise d'ensemble. Qu'en sera-t-il dans l'avenir ? Le passé peut-il nous aider à le prévoir ?

CHAPITRE 6

Des crises majeures ont eu lieu dans des circonstances comparables

Les pénuries, le réchauffement climatique, le surendettement, les valorisations folles, la montée des taux d'intérêt, le protectionnisme, le ralentissement de la croissance, le refus des innovations, tout cela ressemble à ce que l'on a connu à plusieurs reprises dans l'Histoire. Très récemment, même : il y a dix ans.

Et, chaque fois, cela a conduit à une crise, parfois seulement financière, parfois aussi économique, sociale, technologique, politique, idéologique, géopolitique, écologique.

Ces crises s'inscrivent en fait dans le contexte d'une évolution quasi continue, depuis mille ans au moins, vers plus de liberté individuelle, par le triomphe de l'économie de marché et de la démocratie ; vers des déplacements du centre du pouvoir du monde chaque fois plus vers l'ouest, aujourd'hui basculant de l'autre côté du Pacifique ; vers la transformation de nouveaux services en objets industriels. Et vers l'usage de plus en plus gaspilleur de ressources naturelles et financières, destiné à produire de plus en plus de flux au détriment des stocks, de biens et services de consommation au détriment des infrastructures, du patrimoine naturel, de la santé mentale des gens et du climat, dans une valorisation sans cesse plus grande du présent, au détriment du passé et de l'avenir.

Des crises analogues ont eu lieu

Quelques crises du passé éclairent ces mutations. Elles ont des traits communs avec ce qui se joue ici et maintenant. Même si chacune d'elles est spécifique. Même si aucune n'a eu l'ampleur de celles qui se préparent en ce moment.

En 1776, la Déclaration d'indépendance des colonies anglaises d'Amérique fait rêver les élites éclairées de la bourgeoisie européenne, face à une noblesse qui tente de renforcer son pouvoir (en France, l'édit de Ségur réserve à la seule noblesse le droit d'entrer dans l'armée au grade d'officier sans passer par les grades inférieurs). En 1780, la « misère du paysan, l'appauvrissement du salarié, la puissance et la frustration bourgeoise » que décrit François Furet se coalisent pour remettre en cause un système qui ne survit qu'en accumulant des dettes gigantesques, en suivant la recommandation de Louis XV : « Après moi, le déluge ». Les nouvelles élites bourgeoises remettent en cause les impôts qui pèsent sur elles et dont sont exemptés noblesse et clergé, ce qui déclenche la convocation des États généraux, d'où découlent la Révolution française, l'élimination ou le départ de toutes les élites anciennes, la dictature et les guerres napoléoniennes. Cette crise, apparemment spécifiquement française, accompagne en fait le basculement du centre du pouvoir marchand mondial d'Amsterdam vers Londres et l'avènement des technologies et des machines utilisant la vapeur.

En 1907, une nouvelle crise, cette fois mondiale, commence dans des conditions très voisines de celle d'aujourd'hui : une période d'euphorie (justifiée par de très grands progrès techniques, une ouverture au monde et de grands pas vers la démocratie et la paix) ; et elle est remise en cause par la montée de mouvements extrémistes et une crise agricole et bancaire, puis elle bascule dans une crispation qui se traduit par des mesures protectionnistes, conduisant aux États-Unis à la faillite de plusieurs grandes entreprises et une panique des épargnants. Cela déclenche une crise financière qui débouche sur la Première Guerre mondiale et sur le basculement du centre du pouvoir marchand de Londres vers la côte Est des États-Unis d'Amérique et l'avènement des machines utilisant le moteur à explosion ou l'électricité.

En 1929, dix ans après la fin de la Grande Guerre, l'économie de marché mondiale se trouve toujours dans une situation de crise, en raison de la mauvaise gestion de la paix par les vainqueurs. Les richesses sont très concentrées ; la valeur boursière des entreprises n'a plus rien à voir avec leur valeur réelle. À partir d'un incident minuscule, une panique se déclenche, d'abord aux États-Unis : en deux jours d'octobre 1929, 13 millions d'actions changent de mains. Au lieu de libérer les taux de change et de soutenir l'économie, les gouvernements européens et américain du moment maintiennent des politiques d'austérité ; les banques centrales défendent les taux de change et restreignent le crédit. C'est l'effondrement. La production industrielle américaine baisse de moitié entre 1929 et 1934 et le taux de chômage monte jusqu'à 25 %.

Cette succession de crises, financières, économiques, sociales, technologiques, politiques, idéologiques, géopolitiques, géographiques, commencée en 1907, n'est dépassée dans les démocraties que par une deuxième guerre mondiale et le soutien de la demande par l'État, ce que les États totalitaires font déjà avec succès depuis 1922 en Italie, 1924 en URSS et 1934 en Allemagne.

Au total, la crise de 1907 et celles qui ont suivi n'auront accouché de la social-démocratie qu'après deux guerres mondiales, plus de 70 millions de morts et l'installation de dictatures dans toute l'Europe. Et on n'en est vraiment sorti qu'en 1991, avec la fin de l'Union soviétique, soit plus de quatre-vingts ans après le début de la crise dont tout est parti.

En 2007, tout ressemble à la situation de 1907 : la croissance économique est forte, le chômage bas, l'inflation faible ; on est de nouveau dans une atmosphère d'euphorie boursière, de progrès technologique majeur et de croissance des dettes privées et publiques. La masse monétaire, jusque-là sous contrôle, augmente partout. Dans six ensembles majeurs (États-Unis, zone euro, Japon, Chine, Royaume-Uni et Canada), elle passe de 18 % du PIB en 1980 à 30 % en 2007 et les taux, à court et à long terme, sont de plus en plus bas. Les banques organisent le transfert de l'épargne disponible vers des prêts plus risqués, en particulier pour le logement des plus pauvres Américains (subprimes) ; elles se protègent en revendant ces prêts à des épargnants sur le marché mondial, sous forme de titres dont la valeur est certifiée par de fausses notations. Entre 2001 et 2006, le montant de ces prêts est multiplié par sept, atteignant 685 milliards de dollars.

Puis, quand l'un de ces titres ne peut être honoré, tout le système s'effondre. Depuis, l'économie occidentale ne survit plus que par la mise en place de crédits illimités des banques centrales aux banques commerciales et de déficits budgétaires d'une ampleur inégalée. Le chômage des jeunes reste très élevé et les inégalités sont plus considérables encore.

Cette crise accouche d'une prise de conscience de l'inconséquence américaine et du début du déclin relatif de la société occidentale ; mais pas de véritable sortie de crise, par absence de réforme des structures, dans aucune démocratie de marché, seulement un report des échéances, par des dettes plus élevées encore et une excroissance phénoménale de l'économie de la distraction. Aucune solution sérieuse n'a été mise en place. Encore moins pour les enjeux moins visibles, comme le climat et les pénuries. Rien qu'une procrastination de la distraction et un report des échéances. Par peur de ce qui est à faire.

Cette crise durera-t-elle, comme la précédente, plus de quatre-vingts ans ? Débouchera-t-elle sur des révolutions violentes ? Des guerres ? Fera-t-elle, comme la précédente crise globale, plus de 70 millions de morts ?

CHAPITRE 7

Jusqu'à quand sans crise majeure ?

Jusqu'à quand pourra-t-on retarder la crise ?

Que fait-on pour éviter que tous ces symptômes ne s'aggravent ? A-t-on lancé des réformes de structures ? A-t-on amorcé un changement de modèle de production ? De consommation ? D'épargne ? De comportement à l'égard de la nature ? Un changement d'instruments de mesure ? De gouvernance des entreprises, des villes ou des nations ? Va-t-on vers des sociétés plus frugales ? Plus altruistes ? Va-t-on vers plus de gratuité ? Vers des sociétés plus soucieuses des enjeux du long terme ? *Que nenni.*

Pour le moment, la plupart des gouvernements, des entreprises et des gens n'ont pas trouvé d'autres moyens, on l'a vu, que de soigner le mal par le mal : Vous n'avez pas assez de revenus pour vivre ?

Endettez-vous. Vous êtes trop endetté ? Il est urgent, vous explique-t-on, de vous endetter davantage pour honorer vos échéances. Vous craignez encore de ne pas pouvoir rembourser toutes ces dettes ? Ne vous inquiétez pas ! Il existe de nouveaux instruments financiers qui reportent vos échéances à plus tard, ou qui, même, vous permettent de vendre vos dettes à un tiers, qui s'en tirera mieux que vous. Vous avez peur de l'avenir du climat ? De l'emploi ? Des pénuries ? Mais non, n'écoutez pas les esprits chagrins ! Distrayez-vous, voyez des films ou des séries, jouez aux jeux vidéo, passez du bon temps sur les réseaux sociaux et ne pensez pas à tout cela. Et si vous y pensez quand même, on vous recommande quelques drogues, plus ou moins légales, plus ou moins létales. Et, si vous ne voulez ni vous distraire ni vous droguer, alors résignez-vous et laissez faire ceux qui savent… Laissez les politiques désigner des boucs émissaires, chasser des étrangers, éliminer des notables ou des porteurs de mauvaises nouvelles.

Alors, et même si certains gouvernants, certaines entreprises, certaines personnes sont bien plus lucides, prudents et positifs ; et si des intellectuels, des professeurs, des journalistes, des activistes, des militants, des hommes politiques crient partout la vérité sur la folie du monde, le monde n'est plus, dans son ensemble, qu'une gigantesque pyramide de Ponzi, dans laquelle la seule différence entre les gouvernants actuels et M. Madoff est que M. Madoff est en prison. Et que, pour l'instant, la pyramide tient encore debout.

De fait, la prochaine crise financière peut encore être retardée, quelques mois, quelques années, par la poursuite des politiques actuelles et l'augmentation des dettes. Aussi longtemps que la croissance économique continuera, que la confiance des marchés se maintiendra et que restera disponible un financement à bon marché de toutes les sortes de dettes et de déficits.

Pendant ce temps, d'énormes nouvelles fortunes seront faites, des innovations majeures ou anecdotiques occuperont le devant de la scène, acclamées des puissants optimistes, pour qui une crise est impensable. Et là où les peuples se sentiront particulièrement frustrés, il y aura, il y a déjà, quelques démagogues pour leur désigner des responsables parmi les étrangers ou les puissants d'avant.

Une crise financière s'ensuivra, inévitablement, un jour ou l'autre. Elle sera d'une ampleur inédite, pire encore que celle de 2007, puisqu'on n'aura plus les mêmes moyens qu'alors pour la retarder : l'endettement public et la baisse des taux d'intérêt ne seront pas disponibles. On connaîtra de nouveau un chômage massif, des faillites en série, des expulsions de masse, des interdictions bancaires, ce qui débouchera sur une crise économique, puis sociale.

Une crise politique est aussi inéluctable. Elle pourra, elle aussi, être retardée plus encore, dans les pays d'Occident qui sauront, comme en France et en Allemagne, maintenir des frontières ouvertes et dont les institutions seront assez solides pour résister à la vague populiste, aux tentations xénophobes et protectionnistes. Cependant, si on n'y prend garde, si on laisse s'aggraver la concentration des richesses et le désastre écologique, les ultimes démocraties finiront elles aussi par sombrer, entraînant le retour de confrontations qu'on croyait révolues.

La prochaine crise géopolitique peut être encore plus retardée, au prix d'un renoncement des États-Unis devant la prise de pouvoir de l'Asie, ou par un sursaut économique et politique de l'Europe.

Enfin, la crise technologique et la crise écologique peuvent encore être différées, par le ralentissement de la mise en œuvre de l'intelligence artificielle, par un déploiement plus ou moins massif des énergies renouvelables et par des efforts majeurs d'économies de matières premières.

Rien de tout cela ne suffira. Ce ne sera que la poursuite, par d'autres moyens, des actuelles manœuvres de retardement. Avec d'autres formes de distraction qui restent à inventer et qui viendront vite. De plus, comme on l'a vu, tenter de résoudre séparément les huit crises provoquera l'aggravation de l'une par la résolution de l'autre.

Alors, de peur d'aller vers le pire, on ne fera rien. Ou presque. Paralysés, de peur d'être emportés dans un tsunami.

Et, pendant ce moment de suspens, dans lequel nous entrons désormais, et qui peut se terminer à n'importe quel instant, les batailles fondamentales se dérouleront en coulisses : technologiques, scientifiques, industrielles, culturelles, sociales, idéologiques, écologiques, politiques, géopolitiques. Elles nuiront particulièrement à l'Europe, proie des deux autres grandes puissances, la Chine et les États-Unis, qui s'entendront pour la piller, et y puiser de quoi se renforcer, en retardant leur propre affrontement.

On peut donc se rassurer en pensant que, pour quelques mois, quelques années encore, aucune de ces huit crises ne se déclenchera. Et beaucoup vont continuer de regarder, sans trop s'inquiéter, les dettes s'accumuler, le chômage augmenter, les inégalités se creuser, les pénuries se multiplier, les tensions et les escarmouches augmenter, les prix des matières premières grimper en flèche, l'eau douce manquer, les migrations s'accélérer, le climat devenir insupportable. Ils n'y penseront pas trop, tant que de nouvelles distractions réussiront à leur faire oublier la peur de l'avenir.

CHAPITRE 8

Quel scénario de déclenchement ?

Tout ce qui précède aurait pu, aurait dû, déclencher déjà l'une ou l'autre des huit crises possibles. Même si, dans certaines régions du monde, l'optimisme est de rigueur, même s'il existe des lieux sans chômage, d'autres sans déficit, d'autres encore sans problèmes écologiques majeurs, la situation globale du monde est très grave, les perspectives plus encore ; chaque jour, de nouveaux signes apparaissent, confirmant les plus noirs pronostics. Pourtant, rien de massif ne s'est encore déclenché. Parce que les moyens mis en place pour retarder les échéances sont gigantesques. Et le seront bientôt plus.

Il n'empêche : dans une situation aussi instable, le moindre incident sérieux, qui ferait perdre la confiance des financiers et des peuples dans la capacité du système à s'autoréguler, pourrait entraîner une panique qui conduirait, dans l'essentiel du monde, à une crise d'abord financière, puis, comme par un effet de domino, à quelques-unes des sept autres. Et, dans l'hypothèse ultime, celle où on n'aurait rien fait pour s'en prémunir, s'enchaîneraient alors toutes les huit, dans un scénario catastrophe, où la civilisation occidentale disparaîtrait dans un effondrement d'abord économique, puis social et politique, et où des gouvernements totalitaires et autarciques auraient à gérer des crises géopolitiques et écologiques majeures.

Cette hypothèse ultime n'est plus invraisemblable. Elle est même absolument probable si on continue durablement à procrastiner.

Voici quelques-uns des événements pouvant la déclencher. Ils sont plus ou moins probables, à court ou moyen terme. Si l'on n'y prend garde, ils arriveront tous, un jour ou l'autre. D'autres aussi, moins vraisemblables encore, moins lourds même, pourraient avoir les mêmes conséquences dramatiques. Comme une minuscule bulle peut faire éclater un ballon trop gonflé.

Un effondrement de la valeur des actifs

Un jour, dans un mois ou dans cinq ans, quelqu'un prendra peur devant la valorisation excessive des entreprises, cotées et non cotées, en particulier dans les domaines de la technologie. Et, pour ne pas tout perdre, pour ne pas être les derniers à croire que le prix de leurs actifs peut monter jusqu'au ciel, actionnaires et prêteurs vendront tout, même à perte. On en perçoit déjà des signes, dans la façon dont certaines grandes entreprises, en particulier américaines, commencent à avoir du mal à se financer.

Une légère chute de cours pourrait alors entraîner des ventes massives et incontrôlées de tous les titres de toutes les entreprises qui mèneraient à une catastrophe en spirale. On se bousculerait pour vendre, comme des gens se bousculent à la sortie d'un grand magasin dans lequel se serait déclenché un incendie. Les patrimoines boursiers pourraient perdre un tiers de leur valeur en quelques jours.

Cette crise pourrait aussi être déclenchée, comme il y a dix ans, par la perte de confiance des banques dans la capacité des ménages à rembourser leurs emprunts, en particulier les crédits étudiants et les crédits automobiles aux États-Unis, dont on a vu qu'ils étaient démesurés, comme l'étaient il y a dix ans les prêts immobiliers. Les banques seraient vite obligées de provisionner d'immenses pertes, et leur solvabilité serait plus que menacée.

Dans l'un ou l'autre cas, comme il y a dix ans, une crise financière débuterait. Mais, à la différence de ce qui s'est passé alors, les gouvernants ne pourraient plus utiliser l'arme de l'augmentation de la dette publique, ni celle de la baisse des taux d'intérêt : l'une est déjà au plus haut, l'autre est déjà au plus bas. Et cette crise déraperait vite dans une crise économique, sociale et politique.

Une hausse brusque des taux d'intérêt à long terme

Une perte de confiance à l'égard des entreprises les plus endettées, ou des pays qui le sont aussi, pourrait entraîner une hausse des taux d'intérêt de leurs emprunts, à la demande des prêteurs. Les marchés pourraient alors revisiter toutes leurs politiques de taux, avec un regard plus exigeant, entraînant des hausses beaucoup plus rapides que celles qui s'esquissent aujourd'hui ; les emprunteurs les plus risqués ne trouveraient plus de financement bon marché. Une telle hausse pourrait étrangler des entreprises, des pays et des ménages incapables de servir leurs échéances. Elle entraînerait, par symétrie, un effondrement des cours des actions, comme dans la crise précédente.

Les banques, pour se protéger, cesseraient de prêter à des entreprises trop risquées. Ironie : elles seraient alors les dernières à mourir, puisqu'elles ont été les premières à se protéger, après la crise précédente, en augmentant leurs réserves.

L'utilisation d'algorithmes de prédiction exacerberait les comportements panurgiques sur les marchés. En particulier, tous les produits structurés, fondés sur la vente d'options ou de stratégies d'investissement complètes et construits avec très peu d'argent et beaucoup d'effet de levier, accéléreraient la crise. L'appréciation de leur valeur future deviendrait alors explosive.

Si une telle crise se déclenchait par la remise en cause de la valeur d'une entreprise, ce serait vraisemblablement une entreprise non cotée de pays émergents, eux-mêmes très endettés. Ou dans un des fonds spécialisés dans l'investissement dans ce genre d'entreprises.

Si une telle crise touchait d'abord un pays, elle commencerait sans doute en Italie si celle-ci décidait de mettre en œuvre dès 2019 la totalité de son programme économique. Cette situation déclencherait immédiatement une crise politique de l'Union européenne.

Une crise politique de l'Union européenne

Quatre situations au moins pourraient conduire un jour à une crise mortelle pour l'Union européenne.

Si le gouvernement italien actuel décidait d'appliquer intégralement son programme, celui-ci ne pourrait être approuvé par les autres membres de la zone euro, qui proposeraient de le sanctionner. Rome aurait alors du mal à trouver les financements nécessaires à son déficit et les taux de ses emprunts augmenteraient en flèche. L'Italie exigerait alors ces financements de la BCE, qui, dans un premier temps, les lui octroierait, sous forme de prêts à ses banques, afin de protéger le système européen tout entier ; tout en négociant, dans les limites de son mandat, une remise en cause de ces dépenses budgétaires

In fine, si une forte intervention de la part des institutions de la zone euro n'était pas au rendez-vous, avec des montants bien plus importants que pour la Grèce, et si elle insistait encore pour mettre en œuvre son programme, l'Italie devrait retrouver, pour se financer, sa monnaie nationale. La nouvelle monnaie italienne se verrait instantanément dépréciée par rapport à l'euro. Par anticipation, même si une telle crise menaçait, les épargnants italiens retireraient leur épargne des banques italiennes pour ne pas risquer la conversion forcée de leurs euros en une future monnaie italienne dévaluée. L'économie italienne s'effondrerait donc, avant même la mise en œuvre de ce programme et la sortie de la zone euro.

Les ressources des marchés financiers se réfugieraient alors dans les pays les plus stables de la zone euro ; elles pourraient même retirer leur soutien à la France, prévoyant qu'elle pourrait bientôt suivre le sort politique et économique de l'Italie.

Le secteur bancaire français puis européen s'écroulerait alors, entraînant avec lui pour partie le secteur bancaire américain, et les économies des pays en développement les plus exposées aux échanges et aux capitaux internationaux. Une crise économique et sociale mondiale majeure s'ensuivrait.

Un autre scénario serait lié au sort des réfugiés venus d'Afrique : sans attendre que, à la fin du siècle, 4 milliards de personnes peuplent l'Afrique, la désorganisation des gouvernements africains, en particulier dans la région du Sahel et de l'Afrique de l'Est, à laquelle s'ajouteraient des guerres et le désordre climatique, pourrait amener prochainement des dizaines de millions de personnes à migrer vers le Maghreb. Puis à chercher à traverser la Méditerranée. Dans une telle situation, la réponse de l'Union européenne ne pourrait rester durablement diplomatique ou administrative : après avoir échoué à se mettre d'accord sur le partage des réfugiés, et n'avoir pas réussi non plus à créer des centres d'accueil chez leurs voisins, les pays membres de l'Union européenne seraient rapidement conduits à une réponse policière, sinon militaire. Les forces armées européennes repousseraient, de toutes les façons possibles (y compris par les moyens brutaux dont font déjà preuve la Libye et l'Algérie, dans le silence général), ceux des Africains qui tenteraient leur chance. Puis, on verrait les diverses marines militaires européennes intervenir pour repousser les bateaux de migrants, voire leur tirer dessus, au moins par des tirs de semonce. Si l'afflux n'est pas alors enrayé (par exemple, si la Turquie ouvre ses frontières et laisse partir vers l'Europe les millions de réfugiés qu'elle abrite encore), même les plus généreux des Européens auront du mal à ne pas s'opposer à ces arrivées. La panique gagnerait les marchés, l'euro serait attaqué, les investissements étrangers en Europe seraient ralentis. On assisterait à une montée des taux d'intérêt des emprunts ; les déficits du Vieux Continent seraient plus difficiles à financer. Cette fois, une crise géopolitique aurait provoqué une crise financière, puis économique et sociale. La situation politique de l'Europe deviendrait un chaos ; l'Union européenne ne serait plus gérable.

Un troisième scénario de crise existentielle pour l'Union européenne aurait lieu dans l'hypothèse où l'Allemagne refuserait un compromis sur les divers sujets en suspens (de la crise des migrants à la crise italienne en passant par la refonte du budget européen) : on peut imaginer alors que la chancelière, ou son successeur, fasse savoir au gouvernement français qu'elle est sous une très forte pression politique interne et qu'elle ne pourra rester dans la zone euro que si celle-ci se réduit aux pays dits « sérieux ». S'instaurerait alors une forme de zone mark à laquelle ne participeraient que les pays aux fondamentaux économiques proches de ceux de l'Allemagne. La France ferait tout pour en être, mais devrait sans doute la quitter assez vite, en raison de ses déficits budgétaires et commerciaux. Ce serait la fin de l'Union européenne.

Autre scénario encore : si un des extrêmes emportait en France les prochaines échéances électorales, ou si l'hypothèse de leur victoire devenait crédible, ou s'ils s'entendaient pour mettre en place un programme minimal commun (dont les mesures essentielles seraient l'augmentation des dépenses sociales et militaires, la baisse des impôts sur les ménages les plus démunis, la hausse de la fiscalité du capital et le refus d'appliquer la plupart des directives européennes), cela conduirait, là encore, très vite, à une fuite massive des capitaux et des entrepreneurs hors du pays ; à la mise de la France sous la tutelle de ses créanciers ; et, assez vite, à la fin de la zone euro et de l'Union européenne.

Dans l'un ou l'autre de ces quatre scénarios, les pays membres de cette Union devraient en gérer la défaisance, pendant que d'autres pays (en particulier les États-Unis, la Grande-Bretagne, la Suisse, et la Chine) attireraient vers eux tous les talents, et récupéreraient toutes les firmes d'Europe soucieuses de trouver un nouvel abri.

Le plus vraisemblable serait la généralisation des gouvernements populistes en Europe. Ils sont déjà au pouvoir en Europe de l'Est et en Italie. L'un pourrait, un jour prochain, l'être en Allemagne ; et si l'actuel quinquennat échouait, les Français, fidèles à leur histoire, pourraient (comme il y a deux siècles quand ils sont passés de la Législative à la Convention) passer d'un dégagisme *soft* à un dégagisme *hard* dans lequel les derniers représentants du « système » seraient éliminés au profit de nouveaux dirigeants venus de l'un ou l'autre des deux extrêmes, rassemblés dans leur haine d'un « système » dont ils sont pourtant l'émanation. Ce serait le prélude à l'installation de gouvernements autoritaires, qui pourraient imposer les réformes nécessaires.

Ces gouvernements prétendraient tous, comme le fait déjà le gouvernement italien, nourrir un projet européen. En réalité, leurs politiques seraient, par nature, en conflit les unes avec les autres. Et il faudrait peu de temps pour que leurs conflits fassent exploser l'euro, puis l'ensemble des règles du marché unique et de l'Union européenne.

Ce populisme xénophobe conduirait aussi à l'expulsion de millions d'étrangers hors d'Europe, puis à des conflits économiques très durs entre pays européens voisins, et même, un jour lointain, à une guerre entre eux. Une nouvelle guerre en Europe.

Ailleurs dans le monde, des gouvernements totalitaires prétendront aussi être les mieux placés pour défendre l'intérêt des générations suivantes. Ils utiliseront les nouvelles technologies, tant vantées comme instruments de liberté, pour installer des moyens de surveillance et de répression. Ils créeront, une nouvelle fois, comme il y a un siècle, une caricature des instruments futurs d'éventuelles démocraties futures.

Une crise du dollar

Plusieurs scénarios sont possibles, qui accompagneraient l'accélération du déclin relatif des États-Unis.

D'abord, si l'investissement aux États-Unis continuait d'excéder leur épargne intérieure, le pays serait contraint d'importer de plus en plus de capitaux et d'enregistrer pour cela un déficit commercial croissant, ce qui, à terme, ferait inévitablement chuter le dollar. Pour l'éviter, il faudrait plonger le pays dans la récession, à tel point que l'investissement et les importations s'effondreraient. Cela entraînerait une augmentation de l'inflation et la chute du dollar ; la FED rehausserait alors probablement les taux d'intérêt, conduisant à encore moins d'investissement, moins de croissance et plus de chômage, entraînant mécaniquement la vente massive des bons du Trésor américains par les investisseurs qui en détiennent ; ce qui, à terme, entraînerait un défaut de paiement de la plus grande puissance du monde.

D'autres hypothèses encore pourraient conduire à une chute du dollar : une défaite, militaire ou diplomatique, face à la Chine ou à la Corée du Nord, ou à la Russie, ou à l'Iran (entraînant, par exemple, un départ du président Trump), pourrait provoquer la perte de crédibilité globale de la superpuissance, la prise de conscience de ce que le déficit budgétaire américain est définitivement hors de contrôle, une impossibilité pour le gouvernement américain de boucler son budget, de payer les salaires de ses fonctionnaires, de financer ses services sociaux, de maintenir son armée et ses prisons et de financer sa dette. Puis, à un effondrement du dollar, une ruine des retraités, un chômage massif, un abandon des plus pauvres, une explosion de violence, et une évolution du régime politique américain vers sa militarisation.

Une crise dans un pays périphérique majeur

On peut imaginer une crise financière et politique dans un pays périphérique, c'est-à-dire très intégré dans l'économie mondiale, tels la Chine, la Russie, la Turquie, le Brésil ou le Mexique ; par exemple, en cas de baisse massive du cours du pétrole, dont dépend l'économie de beaucoup de ces pays. Ou en cas d'embargo pouvant conduire à une panique à l'égard de l'économie d'un de ces pays, et donc un effondrement de sa monnaie et de ses banques, et, par ricochet, de celles des pays riches qui commercent avec lui. La crise pourrait se généraliser à l'ensemble des pays de même modèle et avoir des conséquences planétaires incalculables.

Les premiers signes en sont apparus avec la crise de la lire turque, provoquée par un contentieux avec les États-Unis, qui s'est répercutée sur celles des banques européennes qui ont prêté beaucoup à la Turquie.

Une crise de l'énergie ou des matières premières

Une guerre ou un blocus au Moyen-Orient pourrait déclencher une hausse massive du prix du pétrole, qui pourrait déstabiliser progressivement l'économie mondiale. En particulier, si les États-Unis obtenaient du reste du monde qu'il cesse d'importer du pétrole iranien, sous la menace d'être exclus du système de paiements internationaux en dollars américains. Cette mesure pourrait provoquer une hausse massive du pétrole, jusqu'à 200 dollars le baril. Cela aurait pour conséquence une baisse de la consommation des ménages dans les pays importateurs de pétrole, et donc un ralentissement de leur croissance. Une augmentation conséquente de la production américaine de pétrole de schiste viendrait le compenser en partie et temporairement.

Si une tragédie nouvelle touchait une centrale nucléaire, en France ou ailleurs, par suite d'un défaut d'entretien, ou d'une impossibilité de l'utiliser en raison du réchauffement d'un fleuve qui la borde, ou d'un attentat terroriste bien ciblé, on perdrait immédiatement une source significative d'énergie, ce qui ferait augmenter massivement les prix, sans compter les dommages directs causés par l'accident.

En matière de terres rares, la demande mondiale pourrait atteindre 300 000 tonnes par an, face à des capacités de production mondiales d'environ 210 000 tonnes en 2020. On pourrait imaginer alors que la Chine, ou la République démocratique du Congo, bloquent les exportations de ceux de ces matériaux dont elles ont un quasi-monopole. La Chine a d'ailleurs déjà démontré en 2010 qu'elle pouvait se servir de son quasi-monopole sur certaines terres rares comme d'une arme politique, lorsqu'elle a annoncé qu'elle cesserait d'en exporter vers le Japon si celui-ci ne libérait pas un pêcheur chinois, ce que le Japon s'est empressé de faire. Le prix du kg de néodyme était alors passé de moins de 100 à 500 dollars en un laps de temps très court. Les premiers à souffrir d'un tel blocage seraient sans doute les fabricants de turbines d'éoliennes, qui utilisent un alliage de terres rares néodyme-fer-bore et les fabricants d'accumulateurs pour automobiles.

Une crise climatique

Avec une hausse des températures de 2 °C, la calotte glaciaire recouvrant la terre de l'Antarctique ouest et du Groenland, ainsi que celle des glaciers des Alpes, et la Grande Barrière de corail disparaîtraient, ce qui entraînerait une hausse du niveau de la mer d'au moins un mètre. Cela serait accompagné de déplacements des populations côtières ; en Asie, 150 millions de personnes devraient quitter leurs terres ; New York serait exposée à des inondations d'ampleur critique tous les cinq à vingt-cinq ans et les catastrophes naturelles augmenteraient partout très largement. Ce changement climatique provoquerait aussi une aggravation des pollutions des sols : les zones arides et semi-arides recevraient encore moins de pluie, provoquant une baisse accrue de l'activité agricole.

Les rendements agricoles pourraient diminuer de 2 % par an d'ici à 2050. En 2050, les cultures de maïs pourraient chuter de 30 % en Afrique du Sud et des cultures agricoles complètes pourraient disparaître comme au Tchad, au Niger et en Zambie, alors que la demande mondiale va croître de 14 %

chaque décennie, ce qui déclencherait une crise alimentaire et économique planétaire.

L'augmentation des températures et les aléas des précipitations entraîneraient une diminution de la production vivrière dans nombre de régions parmi les plus pauvres, allant jusqu'à 50 % dans certains pays africains. Aux États-Unis, le scénario d'un changement climatique le plus sévère pourrait causer une perte de revenu de 20 % dans les comtés les plus pauvres.

Entre 2030 et 2050, le changement climatique, s'il se prolonge, causerait près de 250 000 décès supplémentaires par an, dus à la malnutrition, au paludisme, à la diarrhée et au stress lié à la hausse des températures. Les émeutes de la faim seraient de plus en plus nombreuses. Au Sahel, ces bouleversements climatiques pourraient augmenter les risques de conflits liés à la gestion de l'eau entre éleveurs et agriculteurs.

Mais si, pire encore, la température de la Terre augmente de 5 °C, la planète ne pourra pas abriter plus d'un milliard de personnes.

Une crise de l'eau

À moins de changer de modèle de comportement (et en particulier de devenir végétarien) et de faire des progrès majeurs dans les technologies du dessalement, l'eau douce viendra à manquer dramatiquement dans les décennies à venir.

On pourrait imaginer que cela commence par un manque majeur d'eau douce dans une région, pour des raisons de structure ou pour des conflits liés aux tentatives d'appropriation et de dérivation des fleuves : d'après une étude de l'Oregon State University publiée dans le *Global Environment Change Journal*, 1 400 barrages ou projets de dérivation de l'eau sont en cours de conception ou de réalisation dans le monde et ils pourraient générer des conflits, principalement dans cinq régions : Moyen-Orient, Asie centrale, bassin du Gange-Brahmapoutre-Meghna, bassin du Limpopo et de l'Orange en Afrique australe et bassin du Nil.

Dans les zones de sécheresse (le Mexique, l'ouest de l'Amérique du Sud, le sud de l'Europe, la Chine, l'Australie et l'Afrique du Sud), les précipitations vont diminuer, et les pénuries ne pourront pas être compensées par un approvisionnement en eau souterraine, dont un tiers est déjà en situation de stress.

La construction d'un plus grand nombre de barrages et de réservoirs ne sera pas non plus une solution, car ces options sont limitées par l'ensablement et le ruissellement.

L'Afrique risque d'être le premier continent touché par de telles graves crises hydriques, par manque de capacités de stockage, d'usines de traitement de l'eau et d'usines de dessalement.

Un grand attentat terroriste

Pour l'instant, aucun attentat, même pas celui du World Trade Center, n'a eu de conséquences économiques et politiques planétaires. On peut cependant imaginer certains scénarios dans lesquels un grand attentat frapperait assez les superstructures de l'économie pour interrompre durablement l'euphorie actuelle.

Par exemple, un bateau suicide lancé contre un bateau de croisière en Méditerranée, ou sur un porte-container géant en mer de Chine, ou un centre financier européen ; la destruction des réseaux numériques ou des câbles sous-marins alimentant en données la place financière de Londres ou celle de New York ; la destruction, par une cyberattaque, du bouclier de protection d'une centrale nucléaire française, ou celle, par un drone, d'une usine chimique hollandaise extrêmement polluante, ou encore celle d'une gare allemande un jour de grand transit ; ou la diffusion à l'infini de fausses nouvelles. Ou tant d'autres scénarios qui pourraient frapper les esprits, révéler nos faiblesses et saper la confiance sur laquelle repose le fragile équilibre de la société occidentale. Et plonger le monde dans une crise globale.

Dans ce scénario, un incident géopolitique aurait des incidences majeures sur l'économie mondiale.

Une crise technologique

On peut craindre non seulement que les machines prennent les emplois des hommes, mais aussi qu'elles donnent à quelques-uns les moyens d'une surveillance générale des autres, puis d'une prescription précise de ce que chacun devra consommer et de la façon dont chacun devra se comporter. Jusqu'à ce que l'intelligence artificielle échappe à ses maîtres et prenne totalement le pouvoir sur les hommes, et même contre les hommes.

Mille et un scénarios ont été évoqués en ce sens. On pourrait imaginer par exemple des meurtres en série commis par des drones autonomes, ou la prise de contrôle des codes de lancement des missiles nucléaires par une intelligence artificielle.

De même, d'autres technologies pourraient avoir des conséquences désastreuses : la blockchain pourrait donner un total contrôle au marché sur la démocratie ; les neurosciences pourraient prendre le contrôle de l'esprit humain ; les nanotechnologies pourraient produire des robots cellulaires, remplaçant des parties infimes du corps, ou y logeant des armes explosives de la taille d'un grain de poussière ; ou pourrait apparaître un virus artificiel mortel contre lequel n'existerait aucune parade. Et tant d'autres délires parfaitement vraisemblables à plus ou moins court terme. Leur concrétisation remettrait en cause massivement la confiance dans le progrès.

Un affrontement militaire des grandes puissances

Dans l'état actuel du monde, et des problèmes non résolus, différents scénarios militaires pourraient aussi mettre le feu aux poudres. La plupart sont liés à la confrontation entre la Chine et les États-Unis pour la maîtrise de l'océan Pacifique.

On peut craindre d'abord un affrontement direct sino-américain en mer de Chine, par exemple si les États-Unis voulaient prendre la défense de Taïwan, ou si cette île souhaitait déclarer explicitement son indépendance à l'égard de la Chine continentale. Ou si les États-Unis devaient se trouver, par le jeu des alliances, en situation de défendre Taïwan, ou la Corée du Sud ou le Japon, contre une agression chinoise, qui pourrait faire suite à une dispute sur la propriété de certaines îles. Ou si les États-Unis voulaient maintenir le passage par la mer de Chine méridionale par laquelle transitent 90 % du commerce extérieur de la Chine, 30 % du trafic maritime mondial et plus de la moitié du tonnage de pétrole transporté en mer. Ou aussi défendre la liberté de circulation dans la mer de Chine orientale où circulent environ 20 % du commerce mondial ; ou encore dans le détroit de Malacca, entre Sumatra, la Malaisie et Singapour, par où passent chaque année 65 000 navires, 20 % du transport maritime mondial, dont la moitié du commerce maritime du pétrole et 80 % des importations en hydrocarbures de la Chine.

On peut aussi craindre que l'échec probable de la négociation sur la dénucléarisation de la Corée du Nord pousse la Corée du Sud et le Japon à afficher l'ambition de devenir, eux aussi, des puissances nucléaires, ce que la Chine ne tolérerait pas, incitant les États-Unis à intervenir.

D'autres théâtres d'opérations sont possibles, tous mettant en cause les États-Unis.

Une reprise par l'Iran de son programme nucléaire pourrait être précédée, ou suivie, d'une attaque américaine ou israélienne, et d'une guerre enflammant toute la région, commençant en particulier par une attaque de l'Iran sur les terminaux du Golfe ou sur le détroit d'Ormuz, par où passent chaque année 2 400 pétroliers transportant 30 % du commerce mondial du pétrole. Un tel conflit pourrait porter le prix du pétrole à des niveaux jamais atteints, désorganisant totalement l'économie mondiale.

Enfin, le début d'une guerre dans l'espace entre les États-Unis, la Russie et la Chine est possible.

Dans l'une ou l'autre de ces hypothèses, on verrait le dollar baisser, les taux d'intérêt monter en flèche. Cela rendrait vite intenable la situation des États-Unis, avec des emprunteurs en faillite, des retraites non payées, des hôpitaux et des écoles fermés, un chômage repartant à la hausse. Durablement. Cela se traduirait par une hausse massive des impôts aux États-Unis pour éponger la dette.

Enfin, une catastrophe en Méditerranée est possible, par où transitent 30 % du commerce mondial, 130 000 bateaux dont 20 % de pétroliers et 30 % de navires marchands. Cette mer, entourée de douze pays européens, cinq pays africains, cinq pays asiatiques et peuplée sur ses rives de 425 millions de personnes, est le lieu le plus probable d'un affrontement géostratégique entre le Nord et le Sud. Il pourrait être suivi d'un conflit entre Israël et l'Iran, ou de l'effondrement du régime algérien.

Et après ?

Si la prochaine crise commençait par sa dimension purement financière, on pourrait espérer qu'elle y reste cantonnée et ne se transforme pas en crise économique, sociale, politique, idéologique, géopolitique, technologique ou écologique. Cela serait possible si la croissance économique réussissait à avaler la dette, ou si les gouvernements décidaient de quelques moratoires. Dans ce cas, une fois de plus, les prêteurs, c'est-à-dire les épargnants, seraient les principales victimes de la crise. Ce qui, d'une certaine façon, ne serait que justice puisque certains d'entre eux ont le plus profité du système.

Cela pourrait se produire : encore une fois ou deux. Mais pas plus : les dettes publiques et privées deviennent si gigantesques, on l'a vu, qu'on ne pourra bientôt plus échapper à leur remboursement (qui ruinerait les emprunteurs), ou à leur annulation (qui ruinerait les épargnants). À moins, encore une fois, qu'un miracle technologique nous en protège ou qu'un grand conflit nous le fasse oublier.

Si la crise financière dérapait alors en crise économique et sociale, et donc en chômage massif, nul ne sait comment on pourrait la contenir : on n'aurait plus l'arme de l'augmentation des déficits publics, ni celle de la réduction des taux d'intérêt.

Les banques centrales et les gouvernements seraient démunis.

Au-delà de ces crises, on assisterait alors à une recomposition géopolitique du monde en faveur de l'Asie, à une contestation globale des systèmes démocratiques, à une mise en place de régimes despotiques en Europe et aux États-Unis, puis à une victoire des entreprises sur les nations.

Plus encore, même : comme certaines parties de l'élite économique d'aujourd'hui, de cette ploutocratie qui s'octroie l'essentiel des bénéfices du monde, rêvent de ne pas avoir à gérer ces crises, pour ne pas avoir à prendre de décisions impopulaires, elles pourraient céder volontairement le pouvoir, ou au moins son apparence, à quelques tyrans populistes (de gauche, de droite, ou religieux, selon les circonstances), et les laisser prendre les décisions impopulaires qui s'imposeront : annuler les dettes publiques et une partie des dettes privées, ruiner les épargnants et les retraités, rationner l'usage de l'eau douce, interdire la consommation de viande.

Une fois de plus, on passerait, pour sortir d'une crise, par un détour totalitaire, suivi de l'une ou l'autre des guerres dont il a été question plus haut. Une fois l'ordre rétabli et le chaos écarté, les plus riches rétabliraient un semblant de démocratie ; en conservant les instruments de contrôle de l'ordre social mis en place pendant la parenthèse autoritaire.

Ce ne serait pas la première fois qu'un tel détour aurait lieu, on l'a vu : la sortie d'une crise extrêmement difficile passe souvent par un moment totalitaire. En particulier, après la crise de 1907 et celles qui ont suivi, n'accouchant de la social-démocratie qu'après deux guerres mondiales, 70 millions de morts et des dictatures dans toute l'Europe.

*

* *

La plupart des lecteurs de ce texte considéreront ces scénarios apocalyptiques comme très excessifs et totalement improbables. Ils le sont en effet. Mais ils ne sont pas impossibles.

Et chaque jour qui passe, chaque renoncement, les rendent plus vraisemblables. Et c'est seulement en comprenant leur vraisemblance qu'on pourra réunir les conditions pour les éviter.

Sans masquer ce qui fait l'essentiel de notre drame : notre égoïsme, qui nous fait préférer notre présent, certain, à notre avenir, hypothétique. Oubliant qu'il n'y aura bientôt plus de présent s'il n'y a pas d'avenir.

Si l'on s'y prend dès maintenant, si on commence aujourd'hui à détourner le cours des catastrophes qui s'annoncent, les efforts à accomplir ne sont pas encore insurmontables. Plus on tardera, plus ils le deviendront.

Encore faudrait-il enfin comprendre que rien n'est pire que d'attendre des autres, ou du progrès technique, ou de quoi que ce soit d'autre que soi-même la solution des problèmes qui nous concernent. Et aujourd'hui, c'est bien à cela que nous assistons : le monde politique ne s'occupe que du présent et se moque de l'avenir, qui n'est pour lui qu'une aimable fiction.

CHAPITRE 9

La réponse : trois principes, six actions

Face à ces tsunamis qui menacent, à ces catastrophes qui semblent inéluctables, à ces évolutions, à ces barbaries et à ces dérèglements dont la maîtrise semble hors de portée, que faire, sinon se persuader que tout ce qui précède est faux, que ces analyses sont beaucoup trop pessimistes, que rien de tout cela n'est à craindre ; qu'on peut continuer à vivre à crédit, en empruntant à la nature et aux générations futures, à se distraire de petits plaisirs, en attendant qu'une solution surgisse d'ailleurs, qu'un progrès technique règle le problème, comme cela fut si souvent le cas dans le passé ; et qu'en attendant il suffit de s'assurer contre les dommages pour être indemnisé le cas échéant.

Et en se persuadant que si par malheur ces prédictions pessimistes se réalisaient, il suffirait de taxer quelques riches pour que tout rentre dans l'ordre.

Peut-on se contenter d'un tel déni de réalité ? Peut-on faire le pari que tout ce qui précède est faux ? Peut-on se rassurer en pensant qu'un miracle va survenir ? Peut-on vraiment croire que l'État, ou les assurances, ou les fortunes des plus riches d'aujourd'hui suffiront à résoudre les problèmes de demain ?

Non, bien sûr : tout ce qui précède n'est malheureusement que trop vraisemblable ; et je me suis même astreint, chaque fois, à ne pas retenir le scénario le plus extrême. Et même si la probabilité de ces crises était très faible, elle n'est jamais nulle ; et nous ne pouvons pas nous permettre de ne pas la prendre au sérieux, de ne pas chercher à l'éviter. Et au moins de tout faire pour nous prémunir contre ses conséquences.

Peut-on aussi se contenter de croire les populistes quand ils disent : « On vous ment. L'élite vous a trahis. Elle ne mérite que d'être chassée. Ensuite, il suffira de fermer nos frontières pour retrouver notre souveraineté. Et de s'extraire des crises venues d'ailleurs » ? Ces réponses sont des escroqueries : le capitalisme, le marché et les forces qui l'animent sont des mécanismes ; ils ne se résument pas à des puissants qu'il suffirait de remplacer. Ces mécanismes détruisent les patrimoines de toute nature, en particulier les patrimoines matériels, pour en tirer des flux, de plus en plus immatériels, en abandonnant des déchets de plus en plus importants ; ils conduisent, dans le long terme, à la réification du corps par la génétique et à celle de l'esprit par l'intelligence artificielle. Ces mécanismes sont planétaires. Se renfermer ne nous en protégera pas.

En particulier, dans les États démocratiques, où les dirigeants sont élus plus ou moins librement, il ne suffirait pas de dénoncer des responsables et de les remplacer : les nouveaux ne feraient guère mieux, gérant les mêmes mécanismes, les mêmes infrastructures, les mêmes institutions, emportés dans les mêmes tsunamis, héritiers des mêmes errements, disposant d'aussi peu de moyens, en charge de la même société. Même s'ils tentaient de fermer les frontières aux idées, aux marchandises, aux capitaux, aux gens venus d'ailleurs. Ce qui compte, ce n'est donc pas d'abattre des dirigeants, ni même de taxer lourdement les figures de proue d'une ploutocratie triomphante (et largement fautive). Une autre gestion de ce même système n'empêcherait pas les dettes de grandir, les écarts de revenus de se creuser, la nature d'être détruite, le climat de se réchauffer, la colère des peuples de monter, la démocratie d'être menacée et les contradictions fondamentales de s'accumuler. Cela ouvrirait seulement la voie à de nouveaux pouvoirs totalitaires, encore moins plaisants que ceux d'aujourd'hui, qui dénonceraient des boucs émissaires, exileraient, emprisonneraient, ou massacreraient ceux qu'ils désigneraient comme les ennemis du peuple.

En particulier en France, si ces crises se matérialisent, si l'Europe se défait, si le populisme l'emporte, il n'y fera bon vivre pour personne. D'abord pour ceux qui disposent aujourd'hui d'une once de pouvoir ou d'influence, économique, social, politique, intellectuel ou médiatique, à qui on fera porter la responsabilité de la débâcle. Et pas plus, malgré l'euphorie vengeresse qui suivra une telle évolution, pour le reste du peuple : les plus pauvres, les moins initiés, seront les victimes de l'inflation, des impôts, et de la fuite des capitaux et des cadres qui s'ensuivra. Les classes moyennes elles-mêmes ne verront pas non plus résolus leurs problèmes, et seront, elles aussi, victimes de l'inflation, du chômage et des pénuries. Pour faire bonne figure, le nouveau pouvoir désignera de nouveaux boucs émissaires, en les cherchant de plus en plus loin, de plus en plus profond dans la société française. Il ne restera plus alors à chacun, comme au temps de la Révolution française, qu'à tenter de « survivre », en attendant des jours meilleurs.

On n'en est pas encore là. Et pour avoir la moindre chance de se prémunir contre les crises qui s'annoncent, et d'éviter les régimes totalitaires qu'elles pourraient engendrer, il faut penser tout autrement l'action personnelle et l'action collective, la replacer dans un tout autre paradigme. D'abord individuellement, puisque nul n'est en situation de changer seul le cours de l'Histoire. Puis, collectivement, en agissant au niveau de l'entreprise, du pays et du monde.

Les fondements de cette stratégie s'inscrivent dans trois principes que chacun, personne physique ou organisation, doit pratiquer en permanence, et faire connaître autour de lui.

Trois principes

Lucidité

Rien n'est plus important, face à des menaces diverses, que de ne pas se mentir à soi-même, de ne pas se voiler la face, de ne pas écarter les prévisions catastrophistes, sous prétexte qu'elles le seraient trop ; de ne pas paniquer devant les risques, de ne pas se rassurer en pensant qu'une solution va venir d'ailleurs ; de ne pas préférer se distraire plutôt que comprendre ; de ne pas négliger des analyses complexes, sous prétexte qu'on n'aurait pas le temps de faire l'effort de les comprendre ni de suivre leur évolution.

Il faudra être suffisamment paranoïaque pour ne pas se bercer d'illusions : rien n'est plus mortel qu'un optimisme béat, comme rien n'est plus démobilisateur qu'un pessimisme résigné.

N'être ni optimiste, ni pessimiste, qui sont des attitudes de spectateurs, mais être prêt à comprendre, jusque dans leurs signaux les plus faibles, et le plus à l'avance possible, l'immensité des dangers, financiers, économiques, sociaux, politiques, géopolitiques, idéologiques, technologiques, écologiques ; pour soi, pour sa famille, pour son pays, pour ses contemporains, pour les générations futures.

Bien sûr, la lucidité suppose de savoir choisir les sources d'information auxquelles se fier. Pour ne pas nourrir ses propres illusions aux sources les plus complaisantes. Cela suppose de l'exigence et du courage.

Dans bien des circonstances historiques analogues, la lucidité a permis à nombres de gens de survivre, parce qu'ils ont pu réagir à temps, en combattant ou en s'éloignant d'une débâcle économique, ou d'une dictature : la lucidité n'est rien si elle n'est pas au service d'un combat.

Combativité

Une fois les dangers analysés, ne pas baisser les bras, ne pas paniquer. Les intérioriser, les relativiser, et comprendre qu'on peut encore les vaincre, si on garde son calme.

Même si la plupart d'entre eux ne sont pas maîtrisables par une action individuelle, même si on peut parfois avoir le sentiment qu'on est sous le pied d'un géant, il ne faut jamais se résigner, ni à souffrir, ni à perdre, ni à subir les conséquences des décisions des autres. Il ne faut jamais non plus attendre des autres, quels qu'ils soient, la solution des problèmes qui nous concernent. Le courage est la clé de tout.

De fait, rien, ou presque, n'est jamais perdu ; une solution, individuelle ou collective, à des problèmes apparemment insurmontables est presque toujours possible. Il suffit, pour s'en convaincre, d'observer le sort des pires dictatures : elles finissent toutes par disparaître ; même si c'est après avoir provoqué bien des malheurs ; même si bien des héros sont morts pour en accélérer la chute, au profit des générations futures ; et même si, parfois, elles entraînent dans leur chute les civilisations qu'elles ont dévoyées.

À chacun de nous, aujourd'hui, d'agir avant qu'il ne soit trop tard. Car cela suppose une énergie, une volonté, un courage, une abnégation même, inébranlables ; une volonté de faire des choix, de chercher des solutions, de mettre en place des tactiques et des moyens, quitte à sacrifier son confort immédiat, ou même sa propre vie, dans l'intérêt des générations suivantes.

Positivité

Être positif, c'est ne jamais se résigner à laisser les générations futures vivre aussi mal, ou moins bien, que nous. Et c'est comprendre que c'est seulement en cherchant à améliorer le sort de ceux qui nous suivront qu'on peut réellement espérer améliorer le sien.

C'est là l'essentiel. De tout ce qui précède, j'aimerais qu'on retienne au moins ceci : *on ne peut échapper à une crise, ici et maintenant, de quelque nature qu'elle soit, qu'en agissant dans l'intérêt des générations suivantes.*

Ce n'est pas intuitif : pour beaucoup de gens, pour survivre, il faut ne s'occuper que de soi, traiter les problèmes les uns après les autres, quand ils deviennent urgents, sans jamais se préoccuper de l'avenir lointain. Car, pensent-ils, si on songe trop à l'avenir, on va échouer dans le présent ; si on se préoccupe trop de protéger son patrimoine à long terme, on va manquer les occasions de faire des profits à court terme. Si on pense trop aux éventuelles catastrophes dans le long terme, on ne jouira pas de l'instant. Si on prend trop les autres en considération, on ne va pas profiter de ses propres ressources. Si on regarde trop au loin sur le chemin, on va trébucher sur la première pierre.

Mais non, justement : il devrait être clair, à la lecture des chapitres précédents, que, si on ne pense pas au bien-être des générations futures, on se prépare pour soi-même une vie d'enfer : si les générations futures vivent plus mal que nous, qui financera nos retraites ? Qui s'assurera que le climat est vivable ? Qui maintiendra l'ordre et la sécurité dont nous aurons nous-mêmes besoin ? Enfin, si on avait, il y a dix, vingt ou trente ans, pensé aux générations futures, on n'en serait pas là. Par exemple, si, pendant la crise de 2007, on avait pensé à ce que deviendrait le monde en 2018, on n'aurait pas agi aussi mal, en se contentant de protéger les patrimoines des vieux d'hier au détriment des jeunes d'aujourd'hui, c'est-à-dire nous-mêmes.

C'est en pensant à la valorisation à long terme de son épargne qu'on fait le plus de profit. C'est en s'assurant au maximum contre tous les risques qu'on peut agir efficacement. C'est par la prévention pour tous qu'on peut éviter de souffrir soi-même. C'est en éduquant les jeunes qu'on crée les conditions d'une société sereine, libre et riche dont on profitera soi-même. C'est en regardant au loin sur un chemin qu'on voit la pierre à temps pour la contourner. Seuls les skieurs qui pensent à la porte suivante passent sans tomber celle qu'ils traversent. Seuls les cavaliers qui pensent à la haie suivante passent la haie devant eux. Seuls les financiers qui savent investir dans des entreprises à leur tout début font de véritables fortunes. Seuls les parents qui s'occupent de l'avenir de leurs enfants réussissent eux-mêmes. Seuls les citoyens qui savent penser à l'intérêt des générations futures votent conformément à leur propre intérêt.

Lucidité. Combativité. Positivité. Ces trois principes doivent fonder l'action. Elle doit se décomposer en six étapes : analyser les risques, trouver des alliés, agir positivement, être léger, être prêt à tout, y compris au combat ; et, ressort ultime, si rien d'autre n'est possible, et si c'est possible : partir.

Là encore, il ne peut s'agir dans la suite que de généralités, qu'il faudrait préciser dans chaque cas particulier. En distinguant leurs mises en œuvre par une personne, une entreprise, un État ou le monde.

Je ne traiterai ici que des réactions nécessaires face aux huit crises évoquées plus haut. Même si les trois principes, et les six actions qui en découlent, fournissent aussi un excellent cadre à l'action face à une maladie, ou à une rupture amoureuse ou à un chagrin de toute nature.

Six actions pour une protection personnelle

Face aux huit crises possibles, qu'on ne s'attende pas à des recommandations détaillées de placements financiers. Il existe énormément de méthodes pour cela. J'en ai parlé dans d'autres livres (dont *Survivre aux crises* et *Peut-on prévoir l'avenir ?*). Et c'est le métier de nombre de gens, qui savent bien mieux que d'autres, non seulement profiter des circonstances et gagner des fortunes en tirant parti d'une variation brève du cours d'une action, ou d'une obligation, ou d'un titre complexe fabriqué à partir de paris sur l'évolution de ces valeurs, mais aussi protéger leur portefeuille et celui des autres des conséquences d'une crise financière.

Il s'agit ici de bien davantage que de cela : de se prémunir à l'avance contre les conséquences éventuelles d'une des huit crises profondes dont il a été question plus haut. Pas seulement d'une crise financière. Et pas seulement par des assurances, même si c'est évidemment essentiel de le faire, quand ces risques sont assurables.

Toute action concrète devra être précisée en fonction du pays, du niveau et de la nature du patrimoine, des dettes, des revenus, du métier, de la situation familiale, des compétences de chacun. Il est clair qu'un milliardaire californien aura moins d'efforts à faire pour se préparer à affronter ces huit crises qu'un enfant réfugié dans un des camps du Soudan. Et qu'on ne peut se protéger de la même façon quand on est journaliste à Nice, retraité à Avignon, ouvrier à Lille, ingénieur à Toulouse, éditeur à Paris, entrepreneur à Bondy, fonctionnaire à Clermont-Ferrand, médecin au Havre, paysan à Cusset, avocat à Lyon, pêcheur à Fort-de-France, professeur à La Réunion.

Tous, cependant, doivent suivre les mêmes règles et mener les six actions suivantes.

1. Analyser les risques

La première des actions individuelles à mener consiste à comprendre en quoi on risquerait d'être personnellement atteint par l'une ou l'autre des huit situations de crise et à réfléchir aux conditions à réunir pour y survivre. Bizarrement, très peu de gens s'y astreignent, ne serait-ce qu'une seule fois dans leur vie : évaluer en quoi une crise financière ou économique, sociale, politique, idéologique, technologique, géopolitique, écologique, remettrait en cause un élément de sa propre situation (son revenu, sa retraite, son patrimoine, son emploi, son statut, son logement, son cadre de vie, sa liberté d'expression, sa liberté d'aller et venir, sa possibilité de devenir soi, son bonheur et celui des siens).

Pour cela, il faudra évaluer à intervalles réguliers les conséquences sur l'ensemble de ses conditions de vie ultérieures d'une baisse de la croissance, d'une augmentation du chômage, d'une hausse des prix des matières premières ou des produits agricoles, d'une hausse des impôts, d'une hausse des taux d'intérêt, d'une évolution des cours de Bourse, d'un progrès technique disruptif, d'une fermeture des frontières, d'une exacerbation de la xénophobie, d'une montée de la violence, d'une évolution de la fiscalité, de l'arrivée au pouvoir d'un gouvernement xénophobe, d'une remise en cause de la démocratie, d'une accélération de la crise climatique ou de l'une ou l'autre de pénuries.

Ces conséquences peuvent être évidemment difficiles à évaluer et seront extrêmement diverses selon la position qu'on occupe dans la société : une crise financière n'aura pas les mêmes conséquences sur un épargnant ou sur un emprunteur, sur un actionnaire ou sur un salarié. Une crise économique ne touchera pas de la même façon un ingénieur et un paysan. Une crise sociale ne touchera pas uniformément un fonctionnaire ou un travailleur précaire. Une crise politique ne touchera pas de la même façon un militaire de carrière et un militant. Une crise géopolitique n'aura pas les mêmes conséquences selon le pays où l'on vit, et selon la probabilité qu'on puisse être personnellement entraîné dans un conflit armé. De même, les conséquences d'une crise écologique ne seront pas les mêmes pour tous, selon le lieu où l'on vit et les moyens dont on dispose ; en tout cas, au début.

Il faut donc passer beaucoup de temps, à intervalles réguliers, à faire ces analyses pour soi et les siens. C'est vraiment très important de le faire. On se rendra alors compte assez vite de ses propres faiblesses, face à l'une ou l'autre de ces menaces : si on est très endetté à taux variable, une crise financière peut être fatale. Si on a un emploi très précaire, une crise économique peut être dangereuse. Si on n'est pas couvert par des assurances chômage, une crise sociale peut être très grave. Si son patrimoine, en cas de crise politique, n'est qu'immobilier, on aura du mal à partir. Si on n'a pas assez de formation, une crise technologique peut être très ennuyeuse. Si on vit près d'un barrage, une montée des eaux peut être fatale.

2. *Agir positivement : protéger les acquis des générations suivantes*

Face à ces risques, une fois qu'ils ont été évalués, il faut agir au plus vite ; dans l'intérêt des générations futures, ce qui est, on l'a vu, la meilleure façon d'agir dans son propre intérêt.

Face au risque de crise financière, il faut commencer par protéger son patrimoine, si on en a un, contre les risques d'effondrement de sa valeur : pour un détenteur de logement, bien penser que sa valeur n'est établie qu'au moment de sa revente et donc toujours le choisir en fonction de cette éventualité ; pour un détenteur d'une épargne financière, ne pas faire confiance à des gestionnaires par trop spéculatifs, mais penser à ce que l'on souhaitera laisser aux générations futures. Rien ? Beaucoup ? Peu ? En tout cas, pas trop de dettes, ni fiscales ni bancaires (tant de gens le font). Ce n'est qu'en agissant ainsi qu'on protégera son propre patrimoine pour une durée de vie qui pourrait être bien plus longue que prévu : ceux qui ne pensent qu'à leur intérêt immédiat se trouvent souvent fort dépourvus si leur vie en vient à être plus longue qu'escomptée. Pour un emprunteur, cela signifie ne pas contracter de dettes à taux variable, pour ne pas être piégé par une hausse des taux d'intérêt.

Face au risque de crise économique, il est essentiel de se préparer à des métiers nouveaux et de favoriser au maximum l'éducation des générations suivantes. Face au risque de crise sociale, se préparer à changer d'emploi. Face aux risques technologiques, se former, pour changer de métier. Face au risque de crise écologique, ne pas habiter dans une zone inondable, ou près d'une forêt particulièrement vulnérable aux incendies.

Enfin, il faudra consacrer une somme significative à des assurances, pour soi et les siens. En particulier, pour couvrir les risques économiques et sociaux.

3. Trouver des alliés

Il sera plus facile de répondre à ces menaces si on a su se forger, dans les temps sereins, des alliances et des amitiés. Il est donc essentiel de ne pas s'enfermer, de ne pas croire que c'est en mettant les chariots en cercle qu'on s'en tirera le jour venu. De ne pas penser que les autres sont nécessairement l'ennemi et qu'on s'en sortira mieux en leur prenant ce qu'ils ont ou en les empêchant de réussir. C'est au contraire dans la création de réseaux avec des gens qui réussissent que se situera la réponse. Et en particulier, des réseaux construits bien avant les moments difficiles. D'où l'importance de l'analyse des risques, en amont de l'action.

Et pour cela, il faut chercher, dans chaque situation, pour chaque crise potentielle, de quels alliés on peut disposer. Les alliés peuvent être familiaux, amicaux, professionnels, financiers, associatifs, syndicaux, politiques ; ils peuvent aider à protéger une épargne, un emploi, une retraite. Et plus encore, des libertés ou un environnement. S'inscrire dans une action collective est alors essentiel. Même pour ceux qui se penseraient sceptiques à l'égard de tout altruisme, il est du plus grand intérêt, égoïstement, de rejoindre un parti, un syndicat, une ou des ONG. L'expérience prouve d'ailleurs que ce sont souvent les anciens ennemis qui deviennent, en cas de crise, les meilleurs alliés, et qu'il faut donc tout faire pour s'allier avec ceux qui pourraient être les prochains ennemis.

4. Renverser la table

Si les circonstances s'aggravent, on devra chercher une réponse radicalement neuve : liquider son portefeuille, vendre son appartement, changer de métier ou de cadre de vie, éliminer des contraintes, devenir un autre. Certains le font, qui quittent une vie qui ne leur convient plus, pour en vivre une autre. Parfois dans le même lieu, parfois tout à fait ailleurs. Souvent, parce qu'ils pensent à l'intérêt de leurs enfants, à qui ils n'offrent pas la meilleure vie possible. Souvent, une crise personnelle ou une des huit crises collectives fonctionne comme un révélateur de cette nécessité. C'est ce que j'ai appelé ailleurs « l'Événement » qui pousse à « Devenir soi ».

Pour cela, d'abord faire des exercices de simulations de ces changements. Puis, les mettre en œuvre. Dans toutes les dimensions de sa vie.

5. Danser près de la porte

Si, malgré tout cela, rien ne garantit que la catastrophe puisse être évitée, faut-il partir ? Pas encore... Faut-il renoncer à vivre, à profiter du monde, à la hausse des cours de la Bourse, au plaisir de la nature ? Sans doute pas immédiatement.

Une métaphore peut aider à le comprendre : la planète ressemble à une salle de bal, avec de merveilleux danseurs et danseuses, un buffet magnifique, avec quelques rideaux et des chandeliers menaçant en permanence de les enflammer. Et une seule sortie. Que faire ? Se précipiter dehors ? Après tout, pourquoi ne pas profiter encore de la fête, tant que c'est possible ? Alors, au moins pour un temps, danser près de la porte. Et, si on n'a pas réussi à éloigner les chandeliers des rideaux et à ouvrir une autre entrée, pour soi et pour les autres, profiter du bal, tout en se préparant à partir si la situation devenait insupportable.

Si l'on suit cette métaphore, il faut aussi s'approcher de la porte : si les crises précédentes prennent mauvaise tournure, si on voit les nuages s'accumuler, et si la crise est limitée à un territoire particulier (par exemple une crise économique, politique ou écologique circonscrite), il faut, avant qu'il ne soit trop tard, se préparer à quitter le lieu du drame à venir. Et pour cela, se dégager de tout patrimoine immobilier et de tout placement non aisément liquidable, comme des investissements dans des entreprises non cotées ; et emprunter le maximum de ce qui peut l'être. Enfin et surtout, choisir comment partir, où partir, quand partir et comment vivre dans sa nouvelle résidence.

Sans pour autant partir immédiatement : après tout, la crise ne viendra peut-être jamais, ou dans très longtemps, et on peut encore continuer à vivre là où on est, sans se faire piéger dans une situation qui deviendrait sans espoir.

6. Partir

Parfois, une fois épuisés tous les autres recours, il n'y a pas d'autre solution pour soi, et pour les siens, que de partir, de s'exiler, de déménager, dans le village voisin ou sur un autre continent.

J'ai vécu cette situation : si mes parents n'avaient pas quitté très tôt ma terre natale, que commençaient à embraser une révolution et une guerre civile, mon destin eût été totalement différent. Et je leur suis infiniment reconnaissant d'avoir eu la vision de ce qui menaçait, l'audace de vouloir y échapper et l'esprit pratique pour le faire bien avant qu'il ne soit trop tard, et dans les meilleures conditions possibles. Partir n'a d'ailleurs de sens que comme une action positive : c'est en pensant à leurs enfants que mes parents ont fait le choix de quitter la terre de leurs ancêtres. Alors que bien des gens leur disaient qu'elle resterait pour nous une terre de cocagne.

Dans des circonstances analogues, c'est cela qu'il faudra faire : dans une situation inextricable, quand plus rien n'est à espérer d'un lieu, pour soi et les siens, quand se battre sur place est vain, partir devient la seule, l'ultime solution.

Fuir est une tentation naturelle. Des millions de personnes le font chaque année. Souvent pour de mauvaises raisons. Je ne parle pas ici de fuir sa responsabilité mais au contraire de partir pour être responsable.

Si on se trouve dans un lieu d'enfer, particulièrement menacé par certaines des dimensions d'une crise (par exemple, si on vit dans une dictature, ou dans une situation de famine, ou dans un pays où il est impossible d'espérer changer les choses, d'apprendre, ou encore là où l'eau va manquer, où l'éducation n'est pas disponible, ou si on appartient à une minorité menacée), partir est une forme de légitime défense, hautement recommandée. Même au risque de sa propre vie. Pour sauver celles de ses enfants. Et, naturellement, alors, trouver où aller et là, se conduire en hôte respectueux de ceux qui veulent bien vous accueillir.

Cependant, partir n'est pas une solution universelle : la plupart des enjeux dont il a été question ici sont mondiaux, on ne pourra pas fuir le réchauffement climatique, ni une guerre qui serait vraiment planétaire. Même les plus riches ne pourront s'en protéger. Et le fantasme de certains nababs d'aujourd'hui, qui rêvent d'aller vivre sur Mars, est révélateur de la prise de conscience de ces risques et d'une volonté d'abandonner les autres humains à leur sort.

Un jour peut-être, si on continue, la planète deviendra un tel enfer qu'il sera raisonnable de tenter de la quitter ; mais, jusque-là, la Terre est notre paradis, notre enfer et notre prison. À nous d'en faire le lieu de la liberté des générations à venir, pour notre propre bien-être. À nous d'agir pour que le monde ne rende pas la fuite à la fois nécessaire et impossible, et d'agir individuellement et collectivement avant de se trouver dans une prison en flammes.

Si je reprends la métaphore de la salle de bal, il ne faut pas se contenter de sa protection personnelle ; il faut aussi alerter tout le monde, sans risquer de causer une panique. Éloigner les chandeliers des rideaux, créer une issue de secours.

Six actions de prévention collective pour une entreprise

Ces mêmes principes d'action s'appliquent à une entreprise et à ceux qui la dirigent. Même si on ne peut proposer la même stratégie de défense à une PME de Bretagne, à une start-up d'Aix-en-Provence, ou à la filiale française d'une multinationale américaine, les six actions évoquées plus haut doivent aussi guider l'action.

1. Analyser les risques

D'abord, comprendre les conséquences éventuelles sur le chiffre d'affaires, la rentabilité et la trésorerie de l'entreprise de toutes les formes de crises possibles : réduction de la demande, fermeture des frontières, droits de douane plus élevés, hausse du coût de ses matières premières, hausse du coût du crédit, réduction par les banques de leurs lignes de crédit, retrait de ses investisseurs en fonds propres, fiscalité insupportable, innovation majeure chez un concurrent, fuite de ses cadres, incendie, conflit, modification du climat.

Trop peu d'entreprises font ce genre d'exercice, pourtant vital. Seules les banques, sous la pression des régulateurs, s'y livrent régulièrement.

Pour le faire, il faut reprendre les scénarios du chapitre précédent, et voir comment l'entreprise réagirait à chacun d'eux. Alors, au lieu de se contenter de faire des budgets optimistes, à un ou cinq ans, à destination des banquiers ou des investisseurs, il convient d'en faire aussi d'autres, intégrant une mesure quantifiée de ces risques : Quelle hausse du coût des matières premières ? Quelle hausse des prix des sous-traitants ? Quelle chute de la demande ? Quel mal-être des collaborateurs ? Quels dommages écologiques ? Quelles innovations chez les concurrents ? Quels risques de conflit social ? Quels collaborateurs clés pourraient partir ?

On en déduira les points de fragilité et les domaines dans lesquels se renforcer.

Et l'entreprise ne doit pas se contenter d'en mesurer les conséquences sur le profit ou sur les dividendes de ses actionnaires. Elle doit aussi en comprendre l'impact sur ses collaborateurs, ses clients, son environnement.

2. *Agir positivement : protéger ses acquis et ceux des générations suivantes*

Une fois les risques analysés, l'entreprise doit protéger son existence à long terme, et pour cela, définir de nouveaux investissements, décider de renforcer sa couverture assurantielle, la formation de ses collaborateurs, la protection de son environnement, le développement de ses innovations afin de préserver ses acquis et ceux des générations suivantes. C'est en pensant à dix ans au moins qu'une entreprise peut survivre la semaine suivante. En général, en agissant ainsi, elle se transforme radicalement, ou au moins se prépare à le faire.

3. *Trouver des alliés*

L'entreprise doit aussi chercher des alliés ; c'est-à-dire sécuriser des fournisseurs, des financeurs, des sous-traitants, des clients, des cadres, des ingénieurs, des employés. Ce n'est pas une mince affaire : en raison de la division du travail, certaines entreprises ont plus de 100 000 fournisseurs directs et indirects. L'entreprise doit en permanence construire et tenir à jour un réseau d'alliances, ne jamais s'enfermer, rester ouverte et loyale envers autres, être à l'affût des changements et des idées nouvelles. Là encore, ce sont souvent les anciens ennemis qui deviennent les meilleurs alliés, et il faut tout faire pour s'allier avec ceux qui pourraient être les prochains ennemis. L'entreprise doit créer de la loyauté chez tous ceux dont elle a besoin pour survivre, des fournisseurs aux clients.

Même si ces réseaux ne sont pas sans cesse nécessairement activés, ils doivent être entretenus : ce n'est pas au dernier moment qu'on peut les construire.

4. Renverser la table

Si les crises s'étendent et persistent, et si le cœur de l'entreprise est atteint par une innovation ravageuse, par une perte de marché ou de fournisseur, par la fiscalité, ou par une réglementation nouvelle, elle doit pouvoir décider de changer totalement de nature, de marché, de clients, de sources d'approvisionnement, de production.

Par exemple, une firme qui produit des cigarettes ou des sodas doit penser que cela sera bientôt interdit et ne pas se contenter de faire pression pour retarder l'inévitable. Une entreprise touchée de plein fouet par le digital, comme l'hôtellerie, doit d'urgence agir pour offrir d'autres services à ceux qui voyagent, ou faire tout à fait autre chose. Une entreprise automobile doit non seulement basculer au plus vite vers le véhicule autonome et électrique, mais penser à des marchés radicalement différents, utilisant ses technologies, comme la purification de l'air.

La plupart des entreprises existant aujourd'hui depuis plus de vingt ans l'ont fait au moins une fois dans leur existence. Et c'est en pensant sans cesse aux risques de l'avenir qu'elles le font. Certaines le font en permanence, par des changements homéopathiques, qui les amènent, par l'apparition constante de nouveaux produits, à se transformer sans cesse. D'autres changent brusquement de nature, en passant en quelques mois de la production de contenant à celle de contenu, de la sidérurgie au tourisme, du physique au numérique.

5. Être le plus nomade possible

Lorsque l'entreprise est très liée à un lieu (un restaurant, un magasin, un hôtel), lui-même particulièrement menacé par une crise spécifique, financière, économique, sociale, politique, écologique, elle doit se préparer à déménager.

Par exemple, une firme installée dans un lieu insalubre, ou dans un contexte urbain en déclin, ou proche d'une usine polluante, ou parce que la fiscalité menace d'y devenir spoliatrice, ou parce que la sécurité du personnel n'y est plus assurée, ou pour toute autre raison, doit se préparer à partir.

Pour cela, elle ne doit plus être que locataire de ses établissements, ne pas avoir d'attache trop forte avec un lieu et vérifier la disponibilité au départ de ses principaux collaborateurs.

Parfois, la situation est plus difficile quand l'identité de l'entreprise est liée au lieu. Par exemple pour une entreprise viticole ou touristique. La préparation au départ peut alors se révéler plus difficile, même s'il n'est pas moins nécessaire.

6. *Partir*

Enfin, si les crises deviennent inévitables, et lorsqu'elles sont liées à un lieu, l'entreprise doit décider son départ. Tant d'entreprises sont mortes parce qu'un fondateur n'a pas pensé à ce qu'il pourrait laisser aux générations futures et qu'il a préféré mourir sur place plutôt que de partir à temps.

Certains ont réussi à tout quitter à temps et à reconstituer leurs actifs ailleurs. C'est là où les cinq étapes précédentes prennent tout leur sens : si on les a menées à bien sérieusement, on s'est préparé à un départ sans traumatisme et on dispose ailleurs d'alliés précieux.

La prévention collective pour un pays

Face à toutes ces crises possibles, l'application de ces mêmes principes pour un pays conduit à définir un programme bien différent de ceux qu'élaborent la plupart des partis politiques et de ceux dont on débat dans les campagnes électorales. Aussi ce livre conduit-il à esquisser une toute nouvelle façon de faire de la politique.

D'abord, il importe de *faire une analyse claire* de ce qui se passerait dans le pays si une de ces crises déferlaient. Et cela, aucun parti ni aucun gouvernement ne le fait dans aucun pays du monde. Cela permettrait de repérer les points faibles et de se donner comme programme de les réparer.

Pour cela, il faut changer d'instruments de mesure. Aujourd'hui, ce qui détruit le patrimoine pour créer des flux augmente le PIB, tandis que ce qui améliore le patrimoine en diminuant les flux réduit le PIB.

L'« indice de positivité » des pays, tel qu'il est calculé et présenté ici en annexe, dévoile les faiblesses de chaque pays dans les principaux domaines qui peuvent être atteints par une des huit crises. Il montre en quoi les pays y sont préparés. Par exemple, si les infrastructures ne sont pas résilientes, il faut se donner comme programme de les entretenir au mieux. Si la démographie n'est pas équilibrée, il faut se doter d'une politique familiale adéquate. Si la démocratie n'est pas transparente, il faut agir sur l'ensemble des paramètres qui peuvent la consolider. Si les sources d'énergie sont essentiellement carbonées, il faut tout faire pour en sortir.

En particulier, en raison de ses dettes, de sa structure industrielle, de la faiblesse de son système éducatif, la France est mal classée selon cet indice et notamment mal placée pour résister aux crises financières, économiques et sociales. Elle semble mieux placée pour résister aux autres. Elle peut prendre exemple, dans bien des dimensions, sur les pays scandinaves, bien plus avancés dans la prise en compte de l'intérêt des générations futures, et qui amorcent depuis longtemps le virage pour sortir du capitalisme vers une économie positive.

Ensuite, en déduire un programme et agir *en fonction de l'intérêt des générations suivantes*. Et là, les propositions ne manquent pas. Pour la France, donner la priorité à l'éducation, et en particulier celle des milieux défavorisés. S'assurer de la gratuité des biens essentiels. Tout faire pour que chacun puisse avoir accès aux diverses formes du pouvoir ; soutenir la démographie, pour pouvoir financer les retraites ; renforcer partout les assurances en les rendant obligatoires et en interdisant d'en exclure qui que ce soit ; réduire la dette publique, au moins s'assurer que les taux en sont fixes tant qu'ils sont bas ; et l'utiliser surtout pour financer des infrastructures ; offrir à chacun les moyens de développer ses compétences et son employabilité tout au long de sa vie professionnelle ; repenser les logements pour qu'ils soient économes en énergie ; développer massivement les transports en commun ; aller au plus vite vers une agriculture bio et une réduction massive de la consommation de viande ; protéger les forêts et les ressources en eau ; réduire massivement la dépendance en énergie fossile et le gaspillage de matières premières ; organiser la capture et le stockage des émissions de CO_2 lors de la combustion des matières fossiles ; encourager le recyclage des biens de consommation en particulier ceux dont les composants font intervenir des terres rares. Et tant d'autres actions.

Trouver des alliés

Là encore, l'identification des risques conduit à bien définir comment se protéger.

Pour la France, les principaux alliés se trouvent en Europe, où étaient ses plus anciens ennemis, et en Afrique, où pourraient résider ses pires menaces à l'avenir.

L'Europe est particulièrement menacée par la compétition géopolitique mondiale. En cas de crise, les États-Unis et la Chine viendront piller les entreprises, les talents et les ressources de l'Europe qui n'aura pas, pour le moment, les moyens de résister aux menaces à venir : la prochaine crise financière emportera ses banques ; la prochaine crise économique emportera ses meilleures entreprises ; la prochaine crise sociale emportera ses institutions actuelles ; la prochaine crise géopolitique emportera sa souveraineté. Pour y résister, il est de l'intérêt de la France de tout faire pour renforcer ses liens avec ses voisins européens et pour mettre en place les institutions nécessaires, économiques, politiques et militaires, au service d'un projet qui ferait de l'Europe l'avant-garde de la révolution positive, au service des générations futures et protectrice de son identité.

L'Afrique est le deuxième partenaire majeur pour la France face à toutes ces crises.

C'est de là que pourraient venir la plupart des crises à venir : en Afrique pourraient se déclencher de vastes mouvements migratoires et une crise écologique majeure ; des mouvements terroristes ou fondamentalistes, ou communautaires pourraient en partir vers la Méditerranée et la France.

C'est aussi là que se trouve l'essentiel des terres rares vitales pour l'industrie française. C'est là encore que se situent les principales chances de développement : l'espace francophone pourrait fournir les bases à une industrie du digital de taille mondiale ;

la classe moyenne africaine pourrait fournir de formidables potentialités de marché pour les entreprises françaises.

Nouer, au plus vite, des liens solides, de long terme, désintéressés avec ces pays est la clé du bien-être français de demain ; exemple particulièrement éclairant de l'intérêt de chacun à être altruiste.

Être flexible et mobile

Dans un monde où tout change à grande allure, en particulier en matière de technologie, il est fondamental, pour se prémunir contre les crises à venir, d'aller vers une économie du mouvement plus que de la rente. La France a, de ce point de vue, beaucoup à faire. Elle doit cesser de tourner le dos à son immense façade maritime et en utiliser toutes les potentialités. Elle doit développer ses ports et ses fleuves. Elle doit encourager la culture du mouvement, jusques et y compris dans l'art et l'urbanisme, l'éducation et la prévention médicale : bouger doit devenir un plaisir et non une contrainte.

Les deux derniers moyens sont inopérants : un pays ne peut pas partir. Il ne peut déménager ; il doit à l'inverse veiller à ce que ses habitants ne le fuient pas, et au contraire attirer des talents.

La prévention collective pour le monde

L'humanité est menacée, on l'a vu, par ces diverses crises, dans son existence même.

Elle ne peut cependant pas déménager, mais elle peut encore échapper à la tragédie qui s'annonce, à condition de prendre conscience des risques énoncés ici et d'agir au plus vite, dans l'intérêt des générations suivantes.

Se prémunir vraiment contre les crises suppose de changer de modèle de développement, d'alimentation de production, en devenant positif. Et c'est seulement à un niveau planétaire qu'on pourra le faire. L'amélioration du niveau de vie ne passerait plus par la destruction de la nature, ni même par la consommation irraisonnée de matières premières.

Et pour cela, bien des décisions s'imposent, et sont possibles, sans pour autant attendre l'illusoire mise en place d'un gouvernement planétaire.

Ces décisions supposent l'action opiniâtre de chacun de nous, comme citoyens du monde. En n'attendant pas que d'autres le fassent à notre place. Rien n'est pire, on l'a dit, que d'attendre des autres la solution de nos problèmes.

Parmi ces actions, certaines peuvent être mises en œuvre par chacun, même si elles n'auront d'impact que si nous sommes très nombreux à le faire.

D'autres supposeraient un consensus des principaux dirigeants des entreprises et des pays, pour prendre effet.

Parmi les premières : ne plus utiliser de plastique, manger le moins possible de sucre, de sel et de poisson ; et plus du tout de viande. Privilégier l'achat de biens très durables et recyclables. Se préparer à vivre frugalement, et à y trouver du bonheur.

Parmi les secondes : mettre en place des normes bancaires et extrabancaires pour maîtriser les gigantesques flux financiers qui circulent sur la planète et menacent de la déstabiliser ; imposer partout un prix du carbone d'au moins 40 euros la tonne ; interdire progressivement sur toute la planète la consommation de la viande et réduire massivement le cheptel de bovins et d'ovins ; créer et financer, si possible partout, une assurance retraite et une couverture maladie universelle ; donner l'accès aux meilleures méthodes de diagnostic médical et biologique ; fournir à chacun un revenu minimum en échange d'une formation sans cesse remise à jour ; instaurer et faire respecter une charte éthique pour mettre l'intelligence artificielle, les nanotechnologies et les biotechnologies au service de tous. Enfin, et peut-être surtout, favoriser un usage non marchand du temps par l'éducation à la créativité et à l'altruisme.

On peut avoir le sentiment que tout cela est hors de portée. Cela ne l'est pas. Cela pourrait le devenir, dans vingt ans, si on n'a rien fait d'ici là. Si on agit, je suis convaincu que le siècle à venir peut être prodigieux de paix, de bonheur et de sérénité pour tous.

Surtout, ne baissez pas les bras : commencez tout de suite à mettre en œuvre les principes et les actions évoqués plus haut. Parlez de tout cela avec tous ceux qui vous entourent. Et la prochaine fois que vous accomplirez un acte quelconque, mettez-le en perspective et demandez-vous si vous empirez le monde, ou si, au contraire, vous l'améliorez.

Surtout : regardez vos enfants, ou vos petits-enfants et demandez-vous en quelle année ils auront l'âge que vous avez aujourd'hui. 2050 ? 2070 ? Plus ? Demandez-vous si vous pouvez leur laisser, à cette date, un monde épouvantable ; si vous avez envie qu'ils vous maudissent, comme vous auriez de bonnes raisons de maudire les générations précédentes pour avoir laissé le monde dériver ainsi.

Chacun, bien sûr, peut prétendre qu'il n'y est pour rien et qu'il n'y peut rien. Il doit seulement se demander s'il a fait tout ce qu'il aurait pu faire, s'il fait tout ce qu'il peut faire, pour que ces cauchemars ne deviennent pas réalité. Oui, on le peut.

Je ne prétends pas avoir apporté ici la réponse à toutes ces questions, ni une solution définitive à tous ces problèmes. Je veux seulement ouvrir un débat sur ces immenses enjeux. Pour apporter des solutions réalistes et positives.

Pour nourrir ce débat, je vous serais reconnaissant de m'écrire (j@attali.com) et de partager avec moi vos remarques et vos idées. Peut-être pourrons-nous, ensemble, agir pour le meilleur du monde.

REMERCIEMENTS

Je remercie ceux qui ont bien voulu relire ce texte est m'apporter leurs commentaires. Parmi beaucoup d'autres : Belal Ben Amara, Xavier Botteri, Jean-Philippe Bouchaud, Clément Lamy, Marius Martin, Laurine Moreau, Pierre Moscovici, Laurent Quirin. Je remercie aussi Sophie de Closets et Diane Feyel pour leur soutien si attentif.

ANNEXES

Annexe 1 :
Les indicateurs entrant dans le calcul de l'indice de positivité d'un pays

ALTRUISME ENTRE GÉNÉRATIONS	FINANCE POSITIVE	1. POIDS DES INTÉRÊTS DE LA DETTE PUBLIQUE PAR RAPPORT AUX RECETTES DE L'ETAT
		2. PART D'INVESTISSEMENT DANS LE PIB
		3. POIDS DE LA DÉMOGRAPHIE SUR LES FINANCES
	ÉDUCATION POSITIVE	4. INSERTION DES JEUNES
		5. EFFICACITÉ DE L'ÉCOLE POUR PRÉPARER À LA VIE ADULTE
		6. REPRODUCTION DES INÉGALITÉS
		7. ATTITUDE DES PROFESSEURS ENVERS LES ÉLÈVES
		8. ATTRACTIVITÉ POUR LES ÉTUDIANTS ÉTRANGERS
	PARTICIPATION POSITIVE	9. TAUX DE SUICIDE DES PLUS DE 65 ANS
		10. POURCENTAGE DE FEMMES AU PARLEMENT
		11. DUALITÉ DE L'EMPLOI
ALTRUISME ENTRE TERRITOIRES	USAGE POSITIF DES RESSOURCES	12. ÉMISSIONS DE CARBONE
		13. QUALITÉ DE L'EAU
		14. PART DES ÉNERGIES RENOUVELABLES DANS LE MIX ÉNERGÉTIQUE
	CONNEXIONS POSITIVES	15. PERFORMANCE DES INFRASTRUCTURES
		16. CONNECTIVITÉ DE LA POPULATION À INTERNET
		17. QUALITÉ DU LOGEMENT
	SOLIDARITÉ POSITIVE	18. AIDE INTERNATIONALE
		19. OUVERTURE ET GÉNÉROSITÉ
		20. CONCENTRATION URBAINE
ALTRUISME ENTRE ACTEURS	GOUVERNANCE POSITIVE	21. QUALITÉ DES INSTITUTIONS
		22. LIBERTÉ DE LA PRESSE
		23. PARTICIPATION AUX ÉLECTIONS
	DYNAMIQUE POSITIVE	24. OPPORTUNITÉS DE VIE
		25. CROISSANCE
		26. CONFIANCE
	INCLUSION POSITIVE	27. TOLÉRANCE
		28. INÉGALITÉS DE REVENUS
		29. SANTÉ

Source : Positive Planet

Annexe 2 :
Positivité des pays de l'OCDE (2017)

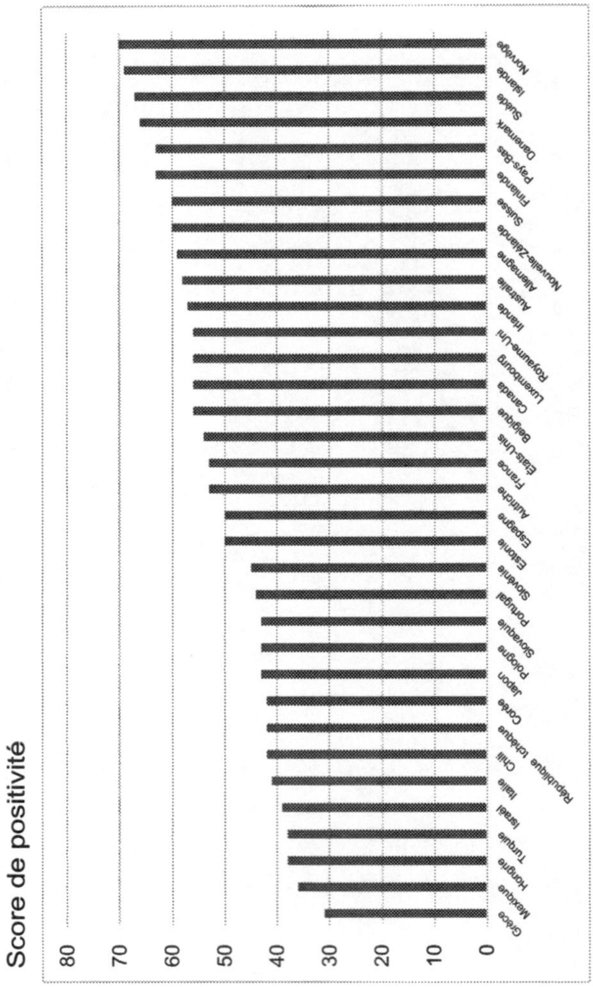

Source : Positive Planet

DU MÊME AUTEUR

Essais

Analyse économique de la vie politique, PUF, 1973, 2015.
Modèles politiques, PUF, 1974.
L'Anti-économique, avec Marc Guillaume, PUF, 1975, 2015.
La Parole et l'Outil, PUF, 1976.
Bruits. Économie politique de la musique, PUF, 1977 ; Fayard, 2000.
La Nouvelle Économie française, Flammarion, 1978.
L'Ordre cannibale. Histoire de la médecine, Grasset, 1979.
Les Trois Mondes, Fayard, 1981.
Histoires du Temps, Fayard, 1982.
La Figure de Fraser, Fayard, 1984.
Au propre et au figuré. Histoire de la propriété, Fayard, 1988.
Lignes d'horizon, Fayard, 1990 ; Le Livre de Poche, 2004.
1492, Fayard, 1991 ; Le Livre de Poche, 2004.
Économie de l'Apocalypse, Fayard, 1994.
Chemins de sagesse : traité du labyrinthe, Fayard, 1996 ; Le Livre de Poche, 1998.
Fraternités : une nouvelle utopie, Fayard, 1999 ; Le Livre de Poche, 2002.
La Voie humaine, Fayard, 2000 ; Le Livre de Poche, 2006.
Les Juifs, le Monde et l'Argent, Fayard, 2002 ; Le Livre de Poche, 2007.
L'Homme nomade, Fayard, 2003.
Foi et Raison. Averroès, Maïmonide, Thomas d'Aquin, Bibliothèque nationale de France, 2004, 2014.
Une brève histoire de l'avenir, Fayard, 2006, 2009, 2015 ; Le Livre de Poche, 2010, 2011.
La Crise, et après ?, Fayard, 2008 ; Le Livre de Poche, 2009.
Le Sens des choses, avec Stéphanie Bonvicini et 32 auteurs, Robert Laffont, 2009, 2012 ; Le Livre de Poche, 2010.

Survivre aux crises, Fayard, 2009 ; rééd. sous le titre *Sept leçons de vie*, Le Livre de Poche, 2010.
Tous ruinés dans dix ans ?, Fayard, 2010 ; Le Livre de Poche, 2011.
Demain, qui gouvernera le monde ?, Fayard, 2011 ; Pluriel, 2012.
Candidats, répondez ! Précis à l'usage des électeurs, Fayard, 2012.
La Consolation, avec Stéphanie Bonvicini et 18 auteurs, Naïve, 2012.
Avec nous, après nous… Apprivoiser l'avenir, avec Shimon Peres, Fayard/Baker Street, 2013.
Histoire de la modernité, Robert Laffont, 2013 ; Flammarion, 2015.
Urgences françaises, Fayard, 2013 ; Pluriel, 2014.
Devenir soi, Fayard, 2014 ; Pluriel, 2018.
Peut-on prévoir l'avenir ?, Fayard, 2015 ; Pluriel, 2016.
100 jours pour que la France réussisse, Fayard, 2016.
Le Destin de l'Occident, avec Pierre-Henry Salfati, Fayard, 2016.
Vivement après-demain !, Fayard, 2016 ; Pluriel, 2016.
Les Chemins de l'essentiel, Fayard, 2018.

Dictionnaires

Dictionnaire du XXIe siècle, Fayard, 1998 ; Le Livre de Poche, 2000.
Dictionnaire amoureux du judaïsme, Plon/Fayard, 2009 ; rééd. sous le titre *Petit dictionnaire amoureux du judaïsme*, Pocket, 2014.

Romans

La Vie éternelle, Fayard, 1989 ; Le Livre de Poche, 1990.
Le Premier Jour après moi, Fayard, 1990 ; Le Livre de Poche, 2004.
Il viendra, Fayard, 1994 ; Le Livre de Poche, 1995.
Au-delà de nulle part, Fayard, 1997 ; Le Livre de Poche, 1999.
La Femme du menteur, Fayard, 1999 ; Le Livre de Poche, 2001.
Nouv'Elles, Fayard, 2002 ; Le Livre de Poche, 2004.

La Confrérie des Éveillés, Fayard, 2004 ; Le Livre de Poche, 2008.
Notre vie, disent-ils, Fayard, 2014 ; Le Livre de Poche, 2016.
Premier Arrêt après la mort, Fayard, 2017 ; Le Livre de Poche, 2018.
Meurtres, en toute intelligence, Fayard, 2018.

Biographies

Siegmund Warburg, un homme d'influence, Fayard, 1985 ; Le Livre de Poche, 1986.
Blaise Pascal ou le Génie français, Fayard, 2000 ; Le Livre de Poche, 2010.
Karl Marx ou l'Esprit du monde, Fayard, 2005 ; Le Livre de Poche, 2007.
Gândhî ou l'Éveil des humiliés, Fayard, 2007 ; Le Livre de Poche, 2009.
Phares. 24 destins, Fayard, 2010 ; Le Livre de Poche, 2012.
Les Penseurs du monde : Pascal, Marx, Gândhî, Robert Laffont, 2012.
Diderot ou le Bonheur de penser, Fayard, 2012 ; Pluriel, 2013.
Mitterrand, Fayard, 2012.

Théâtre

Les Portes du Ciel, Fayard, 1999.
Du cristal à la fumée, Fayard, 2008.
Théâtre (réunissant *Les Portes du Ciel* et *Du cristal à la fumée*, ainsi que *Il m'a demandé de l'attendre ici* et *Présents parallèles*), Fayard, 2016.

Contes pour enfants

Manuel, l'enfant-rêve, ill. par Philippe Druillet, Stock, 1995.

Mémoires

Verbatim I, Fayard, 1993 ; Le Livre de Poche, 1998 ; Robert Laffont, 2011.

Europe(s), Fayard, 1994 ; Le Livre de Poche, 2002.
Verbatim II, Fayard, 1995 ; Le Livre de Poche, 1998 ; Robert Laffont, 2011.
Verbatim III, Fayard, 1995 ; Le Livre de Poche, 1998 ; Robert Laffont, 2011.
C'était François Mitterrand, Fayard, 2005 ; Le Livre de Poche, 2007 ; Pluriel, 2016.
L'Intégrale des chroniques, volume I, L'Express éditions, 2011.

Rapports

Pour un modèle européen d'enseignement supérieur, Stock, 1998.
L'Avenir du travail, Fayard/Institut Manpower, 2007.
300 décisions pour changer la France, rapport de la Commission pour la libération de la croissance française, XO/La Documentation française, 2008.
Paris et la Mer. La Seine est Capitale, Fayard, 2010.
Une ambition pour 10 ans, rapport de la Commission pour la libération de la croissance française, XO/La Documentation française, 2010.
Pour une économie positive, groupe de réflexion présidé par Jacques Attali, Fayard/La Documentation française, 2013.
Francophonie et francophilie, moteurs de croissance durable, rapport au Président de la République, La Documentation française, 2014.

Beaux livres

Mémoire de sabliers. Collections, mode d'emploi, Éditions de l'Amateur, 1997.
Amours. Histoires des relations entre les hommes et les femmes, avec Stéphanie Bonvicini, Fayard, 2007 ; Le Livre de poche, 2010.

Composition et mise en pages
Nord Compo à Villeneuve-d'Ascq

CET OUVRAGE
A ÉTÉ ACHEVÉ D'IMPRIMER
SUR ROTO-PAGE
PAR L'IMPRIMERIE FLOCH À MAYENNE
EN SEPTEMBRE 2018

PAPIER À BASE DE
FIBRES CERTIFIÉES

Fayard s'engage pour l'environnement en réduisant l'empreinte carbone de ses livres. Celle de cet exemplaire est de :
600 g éq. CO_2
Rendez-vous sur www.fayard-durable.fr

Dépôt légal : septembre 2018
N° d'impression : 93199
10-4839-0/01
Imprimé en France